COMPRENDRE, HARMONISER ET GUÉRIR VOS CHAKRAS

COURS DE CHAKRAS EN SEPT SEMAINES

COMPRENDRE, HARMONISER ET GUÉRIR VOS CHAKRAS

COURS DE CHAKRAS EN SEPT SEMAINES

KARINE MALENFANT

ADA audio

L'auteure de ce livre ne dispense aucun avis médical ni ne prescrit l'usage d'aucune technique en guise de traitement médical. Le seul but de l'auteure est d'offrir une information générale afin de vous guider dans votre quête de bien-être émotionnel et spirituel. L'auteure et l'éditeur ne doivent être tenus responsables d'aucune manière que ce soit de tout usage personnel des informations contenues dans ce livre.

Révision linguistique : Mélanie Trudeau
Correction d'épreuves : Katherine Lacombe, Nancy Coulombe
Mise en pages : Bruno Dubois, Matthieu Fortin, Sylvie Valois
Graphisme de la page couverture : Bruno Dubois, Sylvie Valois
Les mandalas inclus dans ce livre ont été dessinés par Karine Malenfant
Les dessins des chakras ont été dessinés par Karine Malenfant
Image de la couverture : ©Thinkstock
ISBN 978-2-89667-899-0
Première impression : 2011
Dépôt légal : 2011
Bibliothèque et Archives nationales du Québec
Bibliothèque Nationale du Canada

CD Audio
Enregistrement et réalisation du CD : Louis Lachance
Copyright © 2011 AdA Audio Inc.
Narration : Caroline Boyer

AdA Audio Inc.
1385, boul. Lionel-Boulet
Varennes, Québec, Canada, J3X 1P7
Téléphone : 450-929-0296
Télécopieur : 450-929-0220
www.ada-inc.com
info@ada-inc.com

Diffusion

Canada :	Éditions AdA Inc.
France :	D.G. Diffusion Z.I. des Bogues 31750 Escalquens – France Téléphone: 05.61.00.09.99
Suisse :	Transat – 23.42.77.40
Belgique :	D.G. Diffusion – 05.61.00.09.99

Imprimé au Canada

Participation de la SODEC.
Nous reconnaissons l'aide financière du gouvernement du Canada par l'entremise du Programme d'aide au développement de l'industrie de l'édition (PADIÉ) pour nos activités d'édition.
Gouvernement du Québec – Programme de crédit d'impôt pour l'édition de livres – Gestion SODEC.

Catalogage avant publication de Bibliothèque et Archives nationales du Québec et Bibliothèque et Archives Canada

Malenfant, Karine
Comprendre, harmoniser et guérir vos chakras
Doit être acc. D'un disque compact.
ISBN : 978-2-89667-899-0
1. Chakras. 2. Énergie psychique. 3. Guérison par l'esprit. 4 Méditation. I. Titre

BF1442.C53M34 2011 131 C2011-942161-5

Pour ceux qui cherchent à comprendre la
complexité de leur enveloppe terrestre.
Pour ceux qui désirent ressentir
l'énergie provenant de la Terre-mère.
Pour ceux qui ont foi en leur évolution
sur leur chemin spirituel.
Et pour ceux qui ont su voir l'essence de leur âme.
Que ce livre puisse vous apporter la compréhension
nécessaire à votre ascension vers la lumière.
Pour toutes les personnes à qui j'ai donné ce cours,
puissiez-vous poursuivre votre quête spirituelle
en ayant toujours foi en la lumière
qui illumine votre route.
Et que les anges, sur vous, déploient leurs ailes.

Pour mes parents, je vous aime.

TABLE DES MATIÈRES

INTRODUCTION

Comprendre, harmoniser et guérir vos chakras est un programme divisé en sept semaines pour équilibrer vos sept principaux chakras. J'ai commencé à faire ce programme de chakras en 2007. Plus je traitais mes clients en soins énergétiques et en consultation spirituelle, plus je me rendais compte à quel point ils ne connaissaient pas l'importance de travailler et d'harmoniser leurs chakras. Je trouve également important et même nécessaire d'équilibrer les sept principaux chakras afin de bien commencer ou poursuivre un cheminement spirituel. Plus j'en parlais, plus les gens me demandaient si je donnais des cours sur les chakras. De là est venue l'idée de concevoir un programme de sept semaines pour travailler les sept principaux chakras. Je n'avais vu cette idée nulle part ailleurs, du moins, rien de semblable. Je suis heureuse aujourd'hui, des années plus tard, de constater à quel point j'ai pu aider les gens avec ce programme de chakras. Le cours est divisé en sept semaines. Vous allez commencer ce programme avec le chakra racine. Il est nécessaire de bien assimiler tout le contenu de ce livre et de mettre en pratique tous les exercices et les conseils offerts. En plus, vous pourrez faire les méditations guidées grâce au CD.

On me demande maintenant d'aller donner ce cours un peu partout au Québec et en Europe. La demande est de plus en plus grande et comme je ne peux pas pour l'instant me déplacer pour offrir ce programme, l'idée d'en faire un livre accompagné d'un CD est venue.

Il pourra ainsi rejoindre le plus grand nombre de gens possible. Ce livre sera votre compagnon, non seulement durant les sept prochaines semaines, mais également au fil de votre évolution spirituelle. Il est important de répondre honnêtement aux questionnaires que vous trouverez à la fin de chaque chapitre. Plus les jours et les semaines passeront, plus vous pourrez prendre conscience des réponses que vous avez écrites. Vous pourrez les relire et vous constaterez une belle évolution à mesure que vous équilibrerez vos chakras. Vous avez tous les outils en main pour commencer le programme de sept semaines pour comprendre, harmoniser et guérir vos chakras.

J'ai longtemps travaillé mes chakras en profondeur et je continue de le faire. Pour vous donner une idée du travail que j'ai accompli avec mes chakras, j'ai passé plus d'un an à travailler mon chakra racine et plusieurs mois pour les autres. J'ai suivi des cours de chant durant deux ans pour travailler mon chakra de la gorge. J'ai vécu la kundalini et j'ai fait des efforts considérables pour trouver l'équilibre dans l'énergie qui circule à travers mes chakras. Maintenant, je travaille les huitième, neuvième et dixième chakras, et je ressens encore plus l'énergie vibrer en moi.

Une fois les sept semaines terminées, vous verrez possiblement beaucoup de changements dans votre vie, à l'intérieur de vous et dans tout ce que vous avez entrepris à ce jour. Vous serez prêt à réaliser la huitième méditation, qui consiste à équilibrer tous les chakras. Après toutes ces semaines d'harmonisation de vos chakras, je vous conseille de poursuivre votre travail quotidiennement pour prendre soin de vos chakras. Je vous souhaite de belles semaines d'exploration intérieure. Ce cours vous mènera dans les profondeurs de votre âme ! Passez de belles semaines.

SEMAINE 1

CHAKRA RACINE

S'enraciner avec l'énergie Gaïa – chakra racine.
Ce mandala peut être photocopié pour être colorié.

QU'EST-CE QUE LE CHAKRA RACINE ?

Lorsque l'âme s'incarne dans le corps physique, elle transporte avec elle tous ses centres d'énergie, aussi appelés *chakras*. D'incarnation en incarnation, pour parfaire son évolution, l'âme a besoin de ces chakras pour se relier à la Terre-mère. Le premier centre d'énergie se nomme le chakra *racine*. Ce chakra est un réceptacle de l'énergie spirituelle qui est nécessaire à notre incarnation terrestre. C'est à cet endroit précis que se localise la première manifestation de force de vie dans le monde physique : l'énergie vitale. Le chakra racine nous associe également à la réalité matérielle qui nous atteint dès lors que nous nous incarnons sur Terre.

Il existe des chakras secondaires au premier centre d'énergie. Ils sont au nombre de trois et se relient au flux d'énergie puissant descendant dans les jambes : les hanches, les genoux et les chevilles. Ces chakras se nourrissent à la base, c'est-à-dire au chakra racine. Si vous désirez être bien enraciné, il est important de pouvoir faire circuler l'énergie dans vos jambes.

Le chakra racine est lié à votre besoin d'activité physique. Plus vous créerez un mouvement d'énergie dans votre premier chakra, plus il pourra s'ouvrir et s'harmoniser avec votre travail spirituel. Il est important de reconnaître vos besoins d'activité physique autant que votre besoin de méditer. Cela vous permettra de vous connecter directement à l'essence de l'énergie Gaïa.

Le chakra racine n'agit pas seulement sur le plan physique, mais également sur les plans astral et spirituel. Votre premier centre d'énergie est là pour maintenir votre équilibre. Il est votre lien avec la Terre-mère et votre enracinement. Plus vous travaillerez à l'ouverture de ce centre d'énergie, plus vous sentirez monter en vous une vibration nouvelle qui touchera chacune de vos cellules, chacun de vos chakras, et vous reliera directement au divin. Une fois bien enraciné, vous ne pourrez plus vous soustraire aux pulsations de la Terre-mère.

Par le chakra racine, vous ressentez des désirs sensuels, pas nécessairement sexuels. Si vous êtes bien enraciné et si votre premier chakra est en santé, vous serez apte à offrir de la tendresse à votre conjoint ou conjointe, à une personne désirée, et à en recevoir. Vous serez en mesure de capter les messages non verbaux venant de la part du sexe opposé. Vous éprouverez le plaisir de vous ouvrir à des échanges amoureux, sans pour autant aller jusqu'à l'acte sexuel.

Certaines personnes qui ne sont pas bien enracinées risqueront de tomber, car elles ne pourront pas maintenir un bon équilibre. Il faut savoir que tous vos chakras sont en communication. Quand le chakra racine est en santé, cela signifie que vous êtes bien enraciné dans la réalité physique, que vous communiquez grâce à ce chakra et offrez de l'énergie aux autres chakras. Plus le premier centre d'énergie est en santé, plus il vient en aide à tous vos autres chakras.

En étant bien enraciné, vous rayonnez d'une belle énergie qui agit comme un générateur pour les gens qui vous entourent. Ils se sentent bien en votre présence, car ils ressentent que votre foi en la vie est immense. Si ce chakra est fermé ou bloqué, vous n'avez alors pas une grande emprise sur votre vie. Votre énergie vitale n'est pas en santé et vous n'avez probablement pas d'intérêt pour l'activité physique. Vous n'habitez pas votre corps et vous pouvez avoir l'air malade.

Votre chakra racine est directement relié à votre chakra de la gorge. Pour que ce chakra soit en santé, il doit tourner dans le sens des aiguilles d'une montre et être ouvert convenablement. Ce sens giratoire attire l'énergie universelle de vie. Le chakra racine renferme plusieurs empreintes karmiques que votre âme a apportées en s'incarnant. Plus vous trouverez un équilibre et vous enracinerez, plus cela aidera à libérer ces mémoires du passé.

OÙ SE SITUE LE CHAKRA RACINE ?

Le chakra racine est relié aux organes génitaux, au périnée, aux muscles de l'anus, et est situé à la base de la colonne vertébrale. Il soutient tous les autres organes internes logés dans le bassin. On peut sans contredit affirmer qu'il est le chakra le plus près du sol. La relation de la Terre-mère avec le chakra racine est très importante, intime et privilégiée. Vous pouvez établir un lien puissant avec l'énergie Gaïa si vous êtes bien enraciné.

Votre âme est ainsi projetée directement dans la Terre et votre corps est nourri et soutenu grâce à cette magnifique relation essentielle à votre survie en tant qu'être humain.

DYSFONCTIONS RELIÉES AU CHAKRA RACINE

C'est grâce à votre chakra racine que vous existez, sans lui vous ne pourriez fonctionner. La plupart des êtres humains ne vivent pas dans leur chakra racine, qui est pourtant le point d'ancrage à l'énergie vitale. De là découlent des dysfonctions et différents malaises qui peuvent causer du tort à l'individu. Il existe plusieurs dysfonctions reliées au chakra racine. Pour travailler en profondeur un chakra, il faut savoir se poser les bonnes questions, les analyser et ajuster notre manière de percevoir la vie. Si vous laissez ces dysfonctions causer du tort au chakra racine, vous aurez une grande difficulté à guérir votre chakra. Le premier problème que l'on observe quand un chakra racine est malade, ce sont les peurs.

PEURS :

- Peur de déménager ;
- Peur de tomber ;
- Peur de danser ;
- Peur de la mort ;
- Peur de la violence, des agressions, du viol ;
- Peur d'être volé ;
- Peur de changer d'emploi ;
- Peur de quitter une mauvaise relation amoureuse ;
- Peur de prendre l'avion ;
- Peur des lieux publics ;
- Peur de la solitude ;
- Peur des contacts physiques ;
- Peur de faire l'amour.

Tout cela est en lien avec votre chakra racine. Bien sûr, on peut retrouver d'autres peurs qui sont reliées à votre manque d'enracinement, mais j'ai énuméré les peurs les plus courantes. Plus vous laissez ces peurs bloquer votre chakra racine, plus le doute s'installe et plus vous créez des fissures et des trous qui affaiblissent alors non seulement votre chakra racine, mais tous vos autres centres d'énergie.

D'ailleurs, les blocages du chakra racine invitent le chakra de la gorge à se fissurer ou même à se fermer, car ces deux chakras sont directement reliés. Il est important pour vous de toujours connaître l'état de votre chakra racine et de comprendre votre incarnation terrestre. Il faut assumer vos responsabilités pour être bien enraciné.

BESOINS FONDAMENTAUX :

C'est par le chakra racine que vos besoins fondamentaux sont comblés. Quels sont vos besoins fondamentaux ?

- Se nourrir ;
- Se vêtir ;
- Boire de l'eau ;
- Éliminer ;
- Besoin d'appartenance à un lieu ;
- Besoin sexuel ;
- Besoin d'aimer et d'être aimé.

DÉPENDANCES :

Si vous ne comblez pas l'un ou l'autre de vos besoins fondamentaux, ou chacun d'eux, votre chakra racine sera déséquilibré. De jour en jour, une énorme fissure va se créer et vous aurez du mal à combler cette blessure. Les dépendances affectent grandement le chakra racine.

- Alcool ;
- Drogue ;
- Médicament ;
- Sucre ;
- Café ;
- Cigarette.

Les troubles alimentaires sont également des facteurs qui blessent les chakras, notamment le chakra racine.

- Anorexie ;
- Boulimie ;
- Hyperphagie ;
- Obésité.

Le chakra racine est tout aussi spirituel que votre chakra couronne. N'oubliez pas que vous êtes un être spirituel, et vous devez faire circuler l'énergie de vos chakras pour ne pas créer de blocage. Une fois que vous êtes apte à répondre à vos besoins fondamentaux, vous pouvez passer à l'action avec le deuxième chakra. Le chakra racine n'est pas l'action, mais solidifie l'action. C'est la base de votre vie, essentielle à votre souffle et à votre capacité d'agir sur votre route.

RACINES :

Ne craignez pas d'établir de profondes racines avec la Terre-mère. Mais ne vous enracinez pas dans des êtres chers, car un jour, ces gens que vous aimez et chérissez peuvent vous quitter. Vous allez être déraciné brusquement et vous allez développer de la colère et de la rage contre Dieu. Vous allez Lui reprocher de vous avoir enlevé la base de vos racines. Ne laissez pas non plus votre chakra racine s'enraciner dans un autre chakra, comme le chakra sacré.

MALAISES PHYSIQUES, ÉMOTIONNELS, MENTAUX ET SPIRITUELS RELIÉS AU CHAKRA RACINE

Étant donné que les chakras n'agissent pas seulement sur le plan spirituel, il est aisé de comprendre que vous pouvez, d'une manière ou d'une autre, les ressentir, que ce soit par différents malaises physiques, émotionnels, spirituels et mentaux. En acceptant que vos centres d'énergie doivent être équilibrés, vous devez être à l'affût des différents malaises qui vous affligent et constater leurs liens avec vos chakras. Le fait de comprendre que les malaises, comme les maux de dos, résultent d'un manque d'enracinement vous permettra de détecter vous-même l'état de santé de votre chakra racine.

MALAISES PHYSIQUES :

- Mal aux genoux ;
- Mal au dos ;
- Mal aux hanches ;
- Mal aux pieds et aux chevilles ;

- Mal aux orteils ;
- Mal aux jambes.

MALAISES ÉMOTIONNELS ET MENTAUX :

- Peur ;
- Doute ;
- Colère ;
- Haine ;
- Rage ;
- Vertige.

MALAISES SPIRITUELS :

- S'enraciner dans une autre personne ;
- Douter de sa foi en Dieu, douter de soi ;
- Refouler ses croyances en présence d'autres personnes.

CONSEILS POUR OUVRIR SON CHAKRA RACINE, LE PURIFIER ET EN PRENDRE SOIN

Pour bien vous enraciner, voici des petits exercices qui vous permettront de comprendre l'importance de votre chakra racine. En commençant le programme de sept semaines pour guérir vos chakras, il convient de modifier votre alimentation, de sorte que vous puissiez être le plus réceptif possible à l'énergie universelle. De même, il est nécessaire de prendre des instants de méditation quotidiennement.

ALIMENTATION :

Mangez des fruits rouges, des légumes rouges, et buvez des boissons rouges (excluant l'alcool). Essayez d'égayer vos repas en ajoutant une touche de rouge. Vous pourrez mieux visualiser votre chakra racine si vous incluez du rouge. Je ne privilégie pas la viande rouge. Étant végétarienne, je ne demande pas à mes clients de le devenir, mais je les incite à exclure la viande rouge et l'alcool durant les sept semaines de ce cours.

VÊTEMENTS :

Portez des vêtements rouges, que ce soit un chandail, des bas, un foulard, pourvu que, quotidiennement, vous puissiez avoir du rouge sur vous.

Porter du rouge procure également une protection contre les mauvaises énergies, tout en vous assurant de trouver l'enracinement.

CRISTAUX :

Les cristaux adéquats pour travailler le chakra racine sont le jaspe rouge, la tourmaline noire et le quartz fumé, mais toute autre pierre rouge peut favoriser l'ancrage. Évitez le grenat si vous êtes de nature colérique, privilégiez une pierre ayant une énergie plus douce. Le rubis est un excellent conducteur d'énergie qui permet de libérer certains blocages logés dans le chakra racine.

PROMENADE/DANSE :

Durant cette semaine où vous travaillez votre chakra racine, il est important de bouger. Créez du mouvement. C'est le temps de marcher tous les jours. La promenade vous aidera à ressentir votre chakra racine, et l'énergie provenant de la Terre-mère. Pour les personnes qui aiment danser, c'est le temps de bouger et de faire vos pas de danse. Laissez-vous porter par le mouvement.

MÉDITATION D'OUVERTURE ET D'HARMONISATION POUR LE CHAKRA RACINE

La méditation pour le chakra racine permet de commencer en douceur le programme de sept semaines pour l'harmonisation de vos chakras. Grâce à cette méditation, vous allez vous relier à la Terre-mère pour vous enraciner profondément. Vous sentirez monter en vous l'énergie vitale qui fait de vous un être humain et divin.

Fermez les yeux. Prenez une grande inspiration et faites entrer le calme en vous. Attendez quelques secondes, puis expirez doucement par la bouche. Détendez-vous complètement. Continuez de respirer profondément tout en prenant conscience de votre place sur Terre et de votre incarnation terrestre. Vous êtes le maître de votre destinée.

Visualisez ou imaginez une magnifique lumière rouge pénétrer par votre chakra racine. Ressentez sa chaleur vous envahir complètement de la tête aux pieds. La lumière rouge tourne dans le sens horaire. Un tourbillon d'énergie se lie à la lumière rouge. C'est votre chakra racine.

Vous êtes de plus en plus calme et détendu.

Visualisez ou imaginez votre chakra racine s'ouvrir doucement au fur et à mesure que la lumière rouge tourne. Respirez en ayant conscience que vous établissez un lien avec la Terre-mère, l'énergie Gaïa.

Laissez la lumière rouge harmoniser votre chakra racine. Il se peut que vous ressentiez une puissante énergie tourbillonner en vous. Il se peut également que vous ressentiez des émotions diverses. Lâchez prise. La lumière rouge établit un lien avec votre chakra de la base.

Visualisez ou imaginez maintenant la lumière rouge descendre dans vos hanches, vos jambes, vos genoux et vos pieds, puis s'enraciner fermement avec la Terre-mère. L'énergie vibre dans votre chakra racine.

Respirez profondément. Laissez les énergies négatives se libérer de votre chakra racine et prenez conscience de ce qui obstrue votre enracinement.

Vous avez entrepris l'ouverture et l'enracinement de votre chakra racine. Vous prenez conscience de votre incarnation terrestre. Vous comblez tous vos besoins fondamentaux. Plus aucune peur ne vit en vous. Vous prenez vos responsabilités. Il se peut que vous soyez parfaitement enraciné, comme il se peut que vous ayez commencé le processus d'enracinement. Quoi qu'il en soit, vous avez entrepris de guérir votre chakra racine. Il s'en porte mieux maintenant.

Vous êtes calme et détendu. Ouvrez les yeux.

L'AURA : LE CORPS ÉTHÉRIQUE

Avant de parler de la première couche de l'aura, qui se nomme *corps éthérique,* voici un petit aperçu de ce qu'est l'aura.

Qu'est-ce que l'aura ?

L'aura est le champ d'énergie qui nous entoure. Il existe environ sept couches du champ aurique. Ce corps lumineux pénètre les corps physiques. Chaque couche de l'aura recouvre l'autre d'une substance plus mince que la précédente et ses vibrations sont plus élevées que celles du corps qu'elle entoure. Il peut y avoir des fuites énergétiques dans votre aura si vous ne prenez pas soin de vos chakras. Il peut également y avoir des surcharges d'énergie si vos chakras sont malades ou s'ils ne sont pas équilibrés. Il se peut également que votre aura accumule trop d'émotions, du passé et du présent. L'aura est directement reliée aux chakras. Il est important de purifier régulièrement votre champ d'énergie, en prenant des bains auxquels on aura ajouté du sel de mer et des cristaux et en utilisant l'encens pour nettoyer votre aura. La première couche de l'aura est associée au premier chakra. Elle correspond à notre énergie terrestre et à notre lien avec nos sensations physiques.

Le corps éthérique :

La première couche est le corps éthérique. Il s'étend de six millimètres à cinq centimètres au-delà du corps physique. Sa couleur varie du bleu pâle au gris. On peut affirmer que sa structure est similaire à celle du corps physique. Une personne qui est sensible, aux énergies positives, aura tendance à former une première couche plus claire qu'une personne de nature négative, dont le corps éthérique sera plus grisâtre. Cette première couche influence directement notre ADN, qui se modifie, s'adapte et va de l'avant pour la survie du genre humain. On peut retrouver du rouge dans le corps éthérique, l'important est qu'il soit situé sous les pieds.

THÈME DE LA SEMAINE 1 : LES CRISTAUX

Pour harmoniser et travailler un chakra, on utilise l'énergie des cristaux. On peut choisir une pierre d'après sa forme, sa couleur et ses caractéristiques. Les formes utilisées en harmonisation des chakras peuvent varier. Le thérapeute va utiliser une baguette de guérison le plus souvent faite de quartz. Pour ce qui est des pierres que vous pouvez utiliser pour vos chakras, il est préférable de prendre des pierres polies lorsque vous amorcez l'apprentissage des cristaux et de l'harmonisation des chakras.

Voici les principales couleurs utilisées pour les chakras :

- 1er, chakra racine : rouge, noir, fumé ;
- 2e, chakra sacré : orange ;
- 3e, chakra du plexus solaire : jaune ;
- 4e, chakra du cœur : rose, vert ;
- 5e, chakra de la gorge : bleu ;
- 6e, chakra du troisième œil : indigo, violet ;
- 7e, chakra couronne : violet, blanc, transparent.

Voici les descriptions pour les couleurs utilisées :

- Rouge : Stimule la circulation d'énergie dans le chakra.
- Noir : Extrait les excès d'énergie et les mauvaises énergies du chakra.

- Orange : Répartit l'énergie de façon égale. Revitalise le chakra.
- Jaune : Active le chakra et nettoie les énergies néfastes.
- Vert : Harmonise en douceur le chakra et libère l'excès d'énergie.
- Bleu : Permet de mieux s'exprimer et apaise le chakra trop ouvert.
- Violet : Purifie le chakra et le protège des influences énergétiques et spirituelles extérieures.
- Blanc/clair : Apporte de l'énergie dans le chakra, de la pureté et la force créatrice.

Voici les principaux cristaux utilisés pour les chakras :

- Racine : tourmaline noire, jaspe rouge, quartz fumé, grenat, obsidienne ;
- Sacré : cornaline, calcite orange, topaze, ambre, citrine foncée ;
- Plexus solaire : calcite jaune, citrine, œil de tigre, topaze dorée ;

- Cœur : quartz rose, rhodocrosite, aventurine verte, malachite, fluorite verte, émeraude ;
- Gorge : agate dentelle, sodalite, quartz bleu, lapis-lazuli, azurite, œil de tigre bleu ;
- Troisième œil : améthyste, fluorite violette, sugilite ;
- Couronne : sélénite, améthyste, sugilite, charoïte, moldavite.

Vous pouvez également utiliser les cristaux pour nettoyer votre aura et pour la protéger contre les mauvaises énergies. Vous pouvez passer la pierre directement sur le corps ou encore prendre des bains avec les cristaux.

Voici quelques cristaux :

- Purificateur énergétique : pierre de sang et malachite ;
- Comble les fuites énergétiques : citrine et quartz fumé ;
- Bouclier énergétique : fluorite verte, tourmaline noire et œil de tigre ;
- Protège l'aura des pensées négatives des gens : jais et obsidienne noire ;
- Protège le plexus des émotions des autres : calcite jaune et citrine.

SEMAINE 1
LE CHAKRA RACINE
QUESTIONNAIRE 1

Voici le questionnaire destiné à travailler et à comprendre votre chakra racine. Il est important de répondre aux questions de la façon la plus honnête possible. Veuillez noter que plus vous équilibrerez vos chakras, plus vous remarquerez une évolution dans vos réponses des questionnaires.

- Peur de déménager ;
- Peur de tomber ;
- Peur de danser ;
- Peur de la mort ;
- Peur de la violence, des agressions, du viol ;
- Peur d'être volé ;
- Peur de changer d'emploi ;
- Peur de quitter une mauvaise relation amoureuse ;

- Peur de prendre l'avion ;
- Peur des lieux publics ;
- Peur de la solitude ;
- Peur des contacts physiques.

(Lien avec l'enracinement, les responsabilités, ma survie, mon existence, etc.)

Parmi les peurs énumérées ci-dessus, quelles sont vos peurs ?

Quelles sont les peurs qui vous empêchent de fonctionner ?

Êtes-vous capable d'éliminer complètement vos peurs ?

Si oui, comment ? Si non, pourquoi ?

Vous enracinez-vous dans vos amis, votre famille, votre entourage ?

Si oui, pourquoi ?

____

____

____

____

____

____

____

____

Avez-vous accepté votre incarnation terrestre ?

____

Niez-vous votre relation avec la Terre-mère ?

____

Aimez-vous bouger ? Faire de l'activité physique ?

____

Est-ce que tous vos besoins fondamentaux sont satisfaits ?

Si non, pourquoi ?
(se nourrir, se vêtir, boire de l'eau, éliminer, besoin d'appartenance à un lieu, besoin sexuel, besoin d'aimer et d'être aimé)

SEMAINE 2

CHAKRA SACRÉ

Passer à l'action – chakra sacré.

Ce mandala peut être photocopié pour être colorié.

QU'EST-CE QUE LE CHAKRA SACRÉ ?

Le chakra sacré est un magnifique réceptacle d'énergie qui nous relie directement à la force de vie qui provient du chakra racine. L'énergie vitale y circule tout en étant différente mais semblable au premier chakra. On peut affirmer que l'énergie du chakra sacré est plus affinée et plus délicate que celle du chakra racine, mais elle est très dépendante de l'énergie vitale qui entre par le chakra de la base. Généralement, chez la femme, il existe beaucoup de karmas qui y sont logés et cela nécessite le plus souvent un grand travail énergétique pour parvenir à libérer toutes ces blessures du passé. Mais, avant de comprendre ce qu'est réellement une empreinte karmique, il est important de reconnaître l'existence de vos chakras et de savoir qu'il faut les équilibrer pour parvenir à mener la vie que vous avez choisie. Les mémoires du passé ont tissé des liens énergétiques dans tous vos chakras, particulièrement dans le chakra sacré. Il est en lien avec les relations d'amour et d'amitié, les chagrins, l'autorité, les abus et les enfants que vous avez connus au fil de vos vies antérieures.

Ce chakra est un véhicule d'évolution. Il est en communication constante avec la Terre-mère à travers les hanches, les genoux, les chevilles et les pieds. C'est dans ce chakra qu'est logée l'action.

Êtes-vous apte à saisir les occasions qui se présentent à vous, en créant un mouvement qui mène à l'action, ou craignez-vous d'agir concrètement dans votre vie ? Le chakra sacré est votre lien avec le moment présent. Vivez-vous dans le présent ou plutôt dans le passé ou le futur ? C'est en répondant à ces questions que vous pourrez comprendre à quel point toute l'action du chakra sacré est en jeu. Comment passer à l'action si vous ne vivez pas dans l'instant présent ?

Le deuxième chakra est également notre lien avec notre enfant intérieur. Il est important de prendre conscience de la place que vous désirez lui offrir. Plus vous refoulez cet enfant, plus vous créez le blocage de votre chakra sacré et moins vous pourrez entendre sa voix. L'enfant intérieur est précieux. Il est important de lui accorder la place qui lui revient. Le chakra sacré a une relation particulière avec le chakra du cœur.

C'est par le chakra sacré que nous prêtons attention à la sexualité et transmettons notre amour. Lorsqu'il est ouvert, il renforce la faculté de donner et de recevoir du plaisir sexuel.

Ce réceptacle d'énergie renferme une énergie cruciale à notre fonctionnement physique, psychique, émotionnel et mental.

Le lien avec la Terre-mère se fait grâce au chakra racine, mais c'est dans le chakra sacré que nous pouvons entendre sa voix, son appel.

Si votre chakra racine est en santé, imaginez à quel point l'énergie Gaïa circulera à travers votre chakra sacré. Pour vivre en résonance avec la Terre-mère, il faut tout d'abord éveiller l'enfant en vous et vivre dans l'instant présent.

OÙ SE SITUE LE CHAKRA SACRÉ ?

Le chakra sacré, ou *hara,* est situé au centre du bassin, à deux ou trois centimètres sous le nombril. Il se trouve dans un espace vaste, là où la puissance de vie et d'amour peut prendre place. On peut affirmer que c'est un chakra de pouvoir personnel, transpersonnel et universel. Les os de votre bassin contiennent un réceptacle plus grand que le chakra racine qui engendre la respiration de la vie dans son ensemble. Les chakras sacré et racine sont vos chakras de l'enracinement, bien que le chakra sacré ne soit pas directement relié à la Terre. Il est relié aux organes reproducteurs, aux reins et aux glandes surrénales.

DYSFONCTIONS RELIÉES AU CHAKRA SACRÉ

C'est par votre chakra sacré que vous établissez la force en vous comme un moyen de passer à l'action. Si vous n'arrivez pas à agir, à passer à l'action, à vivre vos désirs, c'est la non-action. Vous reniez alors votre chakra sacré. Si vous vous retenez de parler, de montrer vos émotions, d'être la vraie personne que vous devez être, alors votre chakra sacré est fermé ou dispersé. Vous devez démontrer ce pouvoir qui réside dans le tourbillon d'énergie de votre chakra sacré. Si vous refusez d'admettre l'enfant en vous, si vous placez des barrières au moment présent qui vous appelle, alors votre chakra sacré ne pourra jamais être en santé et équilibré. Voici les principales dysfonctions reliées au chakra sacré.

LA RIGIDITÉ :

À cette étape, la ou les peurs que vous avez au chakra racine se transforment en rigidité au chakra sacré si vous n'êtes pas bien enraciné. Vous prenez alors l'énergie de votre base, ce qui n'est pas adéquat. Vous ne pouvez vivre harmonieusement dans un couple si votre chakra sacré est rigide. Vous allez alors attirer une personne au chakra vide. Vous manquez de confiance en vous. Comme nous l'avons vu au chakra racine, tous les chakras sont en relation.

Donc, lorsque votre chakra sacré a une dysfonction quelconque, il cause du tort aux autres centres d'énergie, notamment au chakra du cœur, à qui il est principalement relié. Le deuxième chakra est en union également avec le plexus solaire. Si vous souffrez régulièrement de maux de ventre, de crampes, vos émotions sont emprisonnées dans votre plexus solaire puisque votre chakra sacré est rigide et ne vient pas en aide au troisième chakra pour le soutenir.

LES PEURS :

On a beaucoup parlé des différentes peurs qu'un être humain peut avoir et qui proviennent directement de votre premier chakra. Toutefois, il se peut que certaines de vos peurs se logent dans votre chakra sacré, comme la peur de l'action, du pouvoir, car ce chakra, comme nous l'avons vu, est synonyme d'action et de force. Si vous avez peur de l'action, vous craignez en fait de « créez la vie », de mettre au monde, de passer à l'action pour créer du mouvement dans votre vie et d'exprimer qui vous êtes réellement. Avez-vous peur de la vie ?

Si vos peurs se concentrent à votre base, vos autres chakras risquent d'être tous déséquilibrés. Il y aura une fuite d'énergie puisque vous êtes ainsi coupé de l'énergie vitale de la Terre-mère, de cette énergie Gaïa qui vous relie au divin, à votre âme.

Ainsi, au lieu de tourner dans le sens giratoire, vos chakras voudront réagir et tourneront dans le mauvais sens. Pour retrouver une certaine fluidité, votre chakra sacré vous créera des maux physiques afin que vous réagissiez.

Vous devez reprendre votre pouvoir et le faire circuler dans votre chakra sacré qui, lorsqu'il est en santé, n'a pas besoin de l'énergie du cœur pour exister, car il possède sa propre énergie d'amour. Il contient une intention juste et ne cherche pas à tout contrôler. Pour arriver à harmoniser ce chakra, le lâcher-prise est recommandé. Il faut maintenant établir des priorités dans votre vie, passer à l'action et réaliser la vraie personne que vous devez être. Cessez de tout remettre à demain et vivez aujourd'hui !

MALAISES PHYSIQUES, ÉMOTIONNELS, MENTAUX ET SPIRITUELS RELIÉS AU CHAKRA SACRÉ

Étant donné que les chakras n'agissent pas seulement sur le plan spirituel, il est aisé de comprendre que nous pouvons, d'une manière ou d'une autre, les ressentir, que ce soit par différents malaises physiques, émotionnels, spirituels ou mentaux. En acceptant que vos centres d'énergies doivent être équilibrés, vous devez être à l'affût des différents malaises qui vous affligent et constater leurs liens avec vos chakras.

MALAISES PHYSIQUES :

- Maux de ventre ;
- Mal au bas du dos ;
- Mal aux ovaires ;
- Mal au nerf sciatique.

MALAISES ÉMOTIONNELS ET MENTAUX :

- Rigidité ;
- Désir de contrôler ;
- Peur de passer à l'action ;
- Manque de confiance ;
- Peur de faire l'amour ;
- Pouvoir dominant.

MALAISES SPIRITUELS :

- Ne pas être relié au divin ;
- Sentir un vide intérieur ;
- Se laisser influencer par des énergies négatives.

CONSEILS POUR OUVRIR SON CHAKRA SACRÉ, LE PURIFIER ET EN PRENDRE SOIN

Plus vous équilibrerez votre chakra sacré, plus vous pourrez ressentir l'énergie circuler en vous. Comprenez qu'il est important de vous familiariser avec l'instant présent et avec la manière de percevoir votre vie sans vous sentir coupable de prendre soin de vous. Vous pourrez alors voir une autre facette de votre âme. En travaillant avec les conseils que je vous transmets, vous serez à même de comprendre ce que contient votre chakra sacré et de l'équilibrer. Vous ressentirez peut-être les blocages énergétiques, les blessures et les douleurs du passé qui refont surface. Persévérez et vous pourrez vous libérer et trouver la paix.

VISUALISATION :

Pour ce petit exercice, il est important de regarder, et non de visualiser, la couleur orange durant 10 minutes. Si vous pouvez fixer un mur de votre maison qui est orange, c'est encore mieux, sinon trouvez une image ou un objet orange et observez-le pendant le temps indiqué ci-dessus. Cela va activer votre chakra sacré, en plus de faciliter la digestion et de travailler sur différents malaises comme l'arthrite, les rhumatismes, les crampes, l'asthme, les spasmes. Lors de vos méditations, vous pouvez aussi vous visualiser à l'intérieur d'une bulle orange.

AFFIRMATIONS :

Il est important de pouvoir vous rappeler ces trois affirmations lorsque vous travaillez votre chakra sacré.

Je reprends mon pouvoir en comprenant qui je suis réellement, ce que je veux, ce que je désire et ce qui est le plus important pour moi.

Je passe à l'action, car j'ai reconnu mon incarnation terrestre, pourquoi je suis venu sur Terre et je sais quelle est ma mission de vie.

Je lâche prise, car j'ai assez la foi pour remettre entre les mains de Dieu mes doutes, mes peurs et mes attentes.

ALIMENTATION :

Mangez des fruits orange, des légumes orange, et buvez des boissons orange. Essayez d'égayer vos repas en ajoutant une touche d'orange. Vous pourrez mieux visualiser votre chakra sacré si vous incluez de l'orange.

VÊTEMENTS :

Portez des vêtements orange, que ce soit un chandail, des bas, un foulard, pourvu que, quotidiennement, vous puissiez avoir de l'orange sur vous. Porter de l'orange signifie également que vous répartissez l'énergie de façon égale dans votre corps.

FILMS ET DESSINS :

Regarder des films d'enfants vous aidera à retrouver votre enfant intérieur. N'ayez pas peur d'écouter des films avec vos enfants ou vos petits-enfants. Durant la semaine, vous pouvez également dessiner ou colorier. Égayez-vous comme les enfants et n'essayez pas d'être trop sérieux. Oubliez pour quelques instants votre rôle de mère, de père, de sœur ou de conjoint ou conjointe ; soyez tout simplement l'enfant qui vit en vous. Amusez-vous !

MÉDITATION D'OUVERTURE ET D'HARMONISATION POUR LE CHAKRA SACRÉ

La méditation pour le chakra sacré vous aidera à faire la reconnexion avec votre enfant intérieur, avec votre pouvoir personnel et vos vies passées. Vous pourrez ressentir l'énergie circuler dans votre deuxième chakra et savoir comment faire pour vous libérer des blessures qui sont enfouies en vous.

Posez les mains sur votre chakra sacré et fermez les yeux. Trouvez refuge en vous, au plus profond de votre âme. Prenez une grande inspiration. Attendez quelques secondes, puis expirez doucement par la bouche. Détendez-vous complètement. Continuez de respirer profondément tout en prenant conscience de votre place sur Terre. Partez à la recherche de votre pouvoir personnel, de votre lien avec votre enfant intérieur et de la place que vous lui accordez.

Visualisez ou imaginez une magnifique lumière orange pénétrer par votre chakra sacré. Ressentez sa chaleur. La lumière tourne doucement dans le sens horaire. Voyez un tourbillon d'énergie se lier à la lumière orange. C'est votre chakra sacré. Vous êtes de plus en plus calme et détendu.

Visualisez ou imaginez votre chakra sacré s'ouvrir doucement au fur et à mesure que la lumière orange tourne.

Continuez de respirer doucement. Laissez la lumière orange harmoniser votre chakra sacré.

Il se peut que vous ressentiez une puissante énergie tourbillonner en vous. Il se peut également que vous ressentiez des émotions diverses. Lâchez prise.

Libérez-vous des blessures du passé et des liens énergétiques qui sont néfastes pour vous. Visualisez ou imaginez la lumière orange se changer graduellement en lumière rouge et descendre dans votre chakra racine, puis dans vos hanches, vos jambes, vos genoux et vos pieds, et s'enraciner fermement dans la Terre-mère.

Vous avez entrepris l'ouverture et le lâcher-prise de votre chakra sacré. Vous reprenez votre pouvoir. Vous passez à l'action. Vous n'avez pas peur de créer du changement dans votre vie. Il se peut que vous soyez parfaitement maître de votre vie, comme il se peut que vous ayez commencé le processus du lâcher-prise. Quoi qu'il en soit, vous avez entrepris de guérir votre chakra sacré. Il s'en porte mieux maintenant.

Vous êtes détendu et calme. Ouvrez les yeux.

L'AURA : LE CORPS ÉMOTIONNEL

La deuxième couche du champ d'énergie se nomme le corps émotionnel. Elle est associée aux sentiments, et elle épouse les contours du corps physique. Elle apparaît sous forme de nuages colorés, légers et s'étend de deux à sept centimètres du corps. Ses couleurs sont claires, brillantes aux tons sombres, selon les sentiments. Elle renferme toutes les couleurs de l'arc-en-ciel, mais on voit généralement de l'orange dans le corps émotionnel.

Plus le chakra sacré est ouvert, plus la deuxième couche prend de l'ampleur. Elle est associée à l'aspect émotionnel des êtres humains et véhicule notre vie émotionnelle et nos sentiments, nos désirs, sensuels et sexuels également.

THÈME DE LA SEMAINE 2 : RÉFLEXOLOGIE, BAIN, REIKI ET MASSAGE,

Lorsque vous désirez prendre soin de vos chakras et de votre aura, il existe plusieurs façons de le faire. Voici des outils qui vous permettront de faire circuler adéquatement l'énergie dans vos chakras, notamment dans le chakra sacré.

RÉFLEXOLOGIE :

Les points réflexes de nos pieds renferment diverses zones qui agissent sur l'ensemble de notre organisme. Nos centres d'énergie sont également présents dans les zones réflexes de nos pieds et de nos mains. Il est possible, grâce à la réflexologie, de faire circuler l'énergie dans nos chakras, de faire en sorte qu'ils puissent tourner dans le sens horaire. Par le toucher de la plante du pied, le thérapeute peut automatiquement voir et ressentir les points déséquilibrés.

BAIN :

Le bain nous procure un moment de détente. Il permet de nettoyer notre aura, mais il agit également sur nos chakras, surtout si nous plaçons des cristaux dans l'eau du bain. Utilisez les pierres des chakras. Il existe sur le marché un moyen de colorer l'eau du bain de façon naturelle. De cette façon, vous pouvez très bien visualiser la ou les couleurs de vos chakras tout en profitant d'un bon bain relaxant.

REIKI :

Chaque soin reiki que vous recevez harmonise automatiquement tous vos centres d'énergie et les ouvre graduellement. Le soin reiki nettoie également votre aura.

Voici les bienfaits du reiki usui :

- Équilibre les énergies du corps et de l'âme ;
- Vient en aide à votre pouvoir intérieur de se guérir lui-même ;
- Défait les blocages émotionnels et énergétique, et apporte une relaxation complète ;

- Nettoie le corps des toxines accumulées ;
- Apporte une vibration positive pour le cheminement spirituel du sujet ;
- Soustrait les migraines, l'insomnie, la dépression, les maux de dos chroniques, et plus encore.

En ce qui concerne l'aura, le reiki :

- Apporte un bien-être immédiat dans tout le corps en rétablissant la santé dans chacun des chakras ;
- Entraîne des chakras en santé, qui permettent une évolution spirituelle plus sereine, une intuition accrue, et qui donnent le sentiment d'être psychiquement relié au divin ;
- Soustrait les fuites énergétiques, les surcharges et les énergies négatives de l'aura ;
- Rééquilibre les différentes couches du champ d'énergie en apportant un meilleur enracinement et un contrôle des émotions.

MASSAGE :

Les bienfaits du massage sont nombreux et il convient d'en profiter si vous voulez apporter une circulation d'énergie dans vos chakras. Le massage apporte une détente musculaire, dénoue les tensions, draine les toxines et calme l'esprit. En plus de cela, un massage active tous les chakras. Vous pouvez ressentir différentes émotions lorsque vous recevez un massage. Ce dernier travaille notamment le plexus solaire et permet de savoir si vous aimez ou non ce contact physique. Car, bien que la plupart des gens apprécient un bon massage, bon nombre n'aiment pas particulièrement ce contact. Un massage vient en aide notamment aux gens qui ont des chakras fermés.

SEMAINE 2

LE CHAKRA SACRÉ

QUESTIONNAIRE 2

Voici le questionnaire destiné à travailler et à comprendre votre chakra sacré. Il est important de répondre aux questions de la façon la plus honnête possible. Veuillez noter que plus vous équilibrerez vos chakras, plus vous remarquerez une évolution dans vos réponses des questionnaires.

Êtes-vous apte à passer à l'action quand vous désirez quelque chose ?

Si oui, comment ? Si non, pourquoi ?

Êtes-vous capable de montrer vos émotions ?
De dire à une personne que vous l'aimez ?
D'être la vraie personne que vous devez être ?

Si oui, comment ? Si non, pourquoi ?

____

____

____

____

____

____

____

____

Souffrez-vous régulièrement de douleurs abdominales (crampes) ?

____

____

Avez-vous peur de l'action ?
Du pouvoir ? Du mouvement ?

____

Vos émotions sont-elles stables ?

Refoulez-vous votre enfant intérieur ?

Êtes-vous capable de vivre l'instant présent ?

Aimez-vous qu'on vous manifeste de la tendresse ?

Si oui, pourquoi ? Si non, pourquoi ?

Aimez-vous manifester de la tendresse, du désir, de la sensualité ?

Si oui, pourquoi ? Si non, pourquoi ?

Avez-vous déjà fait une fausse couche, refusé d'enfanter ou subi un avortement ?

Si vous avez fait une fausse couche, pourquoi selon vous ? Si vous avez refusé d'enfanter ou subi un avortement, pourquoi ?

Avez-vous un pouvoir dominant ? Aimez-vous dicter la conduite des gens de votre entourage ?

Si oui, pourquoi ?

SEMAINE 3

CHAKRA DU PLEXUS SOLAIRE

Guérir ses blessures – chakra du plexus solaire.

Ce mandala peut être photocopié pour être colorié.

QU'EST-CE QUE LE PLEXUS SOLAIRE ?

Le plexus solaire est le centre des émotions. C'est un réceptacle d'énergie qui ne sait pas différencier le bien du mal. Ce chakra est particulièrement important dans la mesure où nos émotions sont un mouvement en résonance avec l'essence de notre vie. Par le plexus solaire, nous recevons. Il est extrêmement réceptif aux émotions autant positives que négatives. Il absorbe nos émotions et celles des autres. C'est par le chakra du plexus solaire que nous créons des liens invisibles avec les autres personnes. Ces liens doivent régulièrement être coupés. Sinon, les personnes de votre entourage se nourrissent à même vos énergies et déversent en vous leurs émotions. Vous êtes donc aux prises avec des sentiments qui ne vous appartiennent pas, mais qui déséquilibrent tout de même votre plexus solaire. Cela draine votre niveau d'énergie.

Ce chakra est d'une grande importance pour sentir que nous avons une place en particulier dans l'univers. S'il est ouvert, vous sentez que vous faites partie du plan divin. Votre vie émotionnelle est épanouie et vous contrôlez vos émotions. Si le plexus solaire se déchire, est sale ou trop submergé d'énergie négative, vos émotions sont incontrôlées, vous tombez dans les extrêmes et vous subissez l'influence énergétique de sources extérieures. Vous pouvez souffrir physiquement dans cette zone et même vous créer un épuisement surrénal. Si ce chakra est fermé, vous bloquez alors vos émotions.

Le chakra solaire sert de tampon entre le cœur et la sexualité. Si le plexus solaire est bloqué, le chakra du cœur et le chakra sacré fonctionnent séparément. Alors, la sexualité n'est pas connectée profondément à l'amour. Il vous faut reconnaître ce lien tout en équilibrant votre chakra du plexus solaire.

Il est important de prendre soin de ce chakra, qui s'apparente à la connexion mère-enfant dans sa relation avec les autres chakras.

C'est au troisième chakra que nous savons si nous avons ou non une bonne concentration dans la vie en général. C'est également à ce chakra que nous nous demandons si ce que les autres pensent de nous est important dans notre vie ou si plutôt nous sommes perfectionnistes et préférons faire les choses à notre manière.

En somme, le chakra du plexus solaire est un temple d'amour dont il faut prendre soin et auquel on doit accorder une grande attention.

OÙ SE SITUE LE CHAKRA DU PLEXUS SOLAIRE ?

Comme le chakra du plexus solaire est un lieu de passage, de transition, il se trouve dans un endroit étroit, là où il y a soudainement un rétrécissement de la structure physique. Le plexus solaire se situe dans la zone des côtes flottantes, à la base du sternum (l'os qui sépare notre cage thoracique en deux). En haut du plexus solaire, il y a nos deux poumons. Le troisième chakra s'ouvre à l'arrière, à l'avant et sur les côtés.

Votre chakra du plexus solaire est un soleil appelé « émotion ». Il se doit de bien communiquer pour créer le mouvement nécessaire à l'énergie vitale. Il communique l'amour, le reçoit et le transmet. Il est la notion de paix en chaque être humain.

D'autres organes sont reliés au plexus solaire : le foie, l'estomac, le pancréas, la vésicule biliaire, la rate, le diaphragme (muscle de la respiration) et le bas des poumons. Le plexus solaire est relié à la respiration, qui est d'ailleurs importante pour la maîtrise des émotions. En travaillant votre plexus solaire, prenez conscience de votre manière de respirer. Respirez-vous profondément chaque jour ? Ce ne sont pas les émotions qui sont problématiques, elles sont tout à fait normales. Ce sont plutôt les excès, l'accumulation et les énergies négatives qui le sont.

Il est important de « ressentir ». Les émotions sont la vie. Il ne faut pas les nier ni même tenter de le faire. Sinon, vous bloquez votre chakra du plexus solaire. Nous sommes des êtres humains, nous sommes vivants, il est impossible de ne rien ressentir. Vous pouvez être en colère, mais cette colère doit circuler. Elle doit suivre le mouvement. Cette colère circule si elle est vécue durant quelques secondes. Par la suite, votre plexus solaire retrouve son calme. Il ne faut pas loger cette colère durant des heures et des jours entiers dans votre troisième chakra, sinon cela va le bloquer. Si l'émotion passe (tristesse, apitoiement, colère, rancune), elle ne blesse pas le corps ni le plexus. Vous vivez une expérience et vous réagissez, c'est tout à fait normal.

DYSFONCTIONS RELIÉES AU CHAKRA DU PLEXUS SOLAIRE

Vous créez des dysfonctions dans votre plexus solaire lorsque vous entretenez et jugez vos émotions au lieu de les vivre. Elles doivent circuler. Sinon, elles se cristallisent, pas uniquement dans le plexus, mais dans tous les autres chakras. Souvenez-vous qu'il est nécessaire pour votre santé physique, émotionnelle, mentale et spirituelle de savoir exprimer convenablement ses émotions. Il ne faut pas les bloquer au plexus solaire parce que cela vous causera des déséquilibres dont vous pourriez avoir du mal à vous défaire.

En partant du fait que vous devez faire circuler vos émotions, vous comprenez qu'il vous faut créer un mouvement à l'intérieur de votre chakra du plexus solaire, pour que l'énergie vitale puisse se transmettre à vos autres chakras. Le plexus solaire est en quelque sorte le centre de la guérison. Chez certains thérapeutes énergétiques, il est très développé.

Quand il y a un désordre dans votre troisième chakra, c'est parce que vous n'avez pas tout à fait accepté votre

« MOI » (physique, spirituel, émotionnel et mental). Il vous faut prendre conscience de l'importance de votre MOI, tout comme il est nécessaire de vivre vos émotions, de les faire passer dans votre plexus (même si le passage est étroit) pour que circule l'énergie.

À cette étape, il ne faut pas craindre vos émotions. Si vous avez peur, vous allez forcément les refouler. Où iront-elles ? Elles vont se comprimer, s'accumuler et se réfugier dans votre chakra sacré et votre chakra racine. Alors, quand vous serez prêt à les faire passer par le plexus, le passage sera trop étroit et vous allez paniquer. Vous penserez qu'il n'est pas normal de vivre des émotions.

TYPES DE PLEXUS SOLAIRES :

Le plexus en épée (pointe) : Ce chakra est toujours prêt à attaquer : les gens, la nature, les émotions. À l'approche d'une personne au plexus solaire en épée, vous vous sentirez mal. Consciemment ou inconsciemment, cette personne vous projette cette pointe qui vous atteint.

Le plexus vide : La personne qui a ce type de plexus solaire pratique l'autodestruction et aspire l'énergie des autres personnes. Il n'est pas très agréable d'être en compagnie de personnes qui ont ce type de plexus. Il est nécessaire de se protéger le plus possible avant d'entrer en contact avec cette personne.

Le plexus éteint : La personne qui a un plexus éteint est incapable de communiquer ses émotions. Elle ne trouve pas normal de vivre des émotions.

Le plexus fragmenté : L'énergie de ce type de plexus se disperse à travers les autres chakras. La personne possédant un plexus fragmenté perd son énergie et est incapable de savoir pourquoi. Elle croit faire passer ses émotions dans son plexus, mais au lieu de cela, elle fait passer son énergie vitale.

Certaines émotions enfouies dans votre plexus solaire peuvent y être accumulées depuis des siècles. Lors de votre incarnation terrestre, votre âme a pu transporter une émotion en particulier d'une autre vie (chagrin, colère, peur ou regret) parce que, sans cette émotion, vous avez l'impression de ne pas exister. Vous devenez alors cette émotion. Pour que votre chakra du plexus solaire soit en santé, il faut que vous fassiez passer cette émotion par votre plexus solaire.

Faites attention ! Si vous ne vivez pas vos émotions, si votre plexus solaire est fermé, vide, obstrué, en épée ou fragmenté, l'énergie néfaste aura de sérieuses répercussions sur vos organes internes. Le plexus solaire est directement relié à l'estomac. Les ulcères d'estomac sont en fait une colère non exprimée, comprimée et enfouie qui produit un liquide acide qui brûle le tissu. Cet acide est lui-même créé par l'anxiété et par l'inquiétude. Vous voudrez alors en faire toujours plus pour être reconnu. Si vos chakras sacré, du plexus solaire et du cœur sont malades, c'est parce que vous remettez votre pouvoir entre les mains d'une autre personne et cela crée le diabète. Alors, prenez soin de votre chakra solaire. Vous avez tous les outils en main pour le faire.

MALAISES PHYSIQUES, ÉMOTIONNELS, MENTAUX ET SPIRITUELS RELIÉS AU CHAKRA DU PLEXUS SOLAIRE

Étant donné que les chakras n'agissent pas seulement sur le plan spirituel, il est aisé de comprendre que nous pouvons, d'une manière ou d'une autre, les ressentir, que ce soit par différents malaises physiques, émotionnels, spirituels ou mentaux. En acceptant que vos centres d'énergies doivent être équilibrés, vous devez être à l'affût des différents malaises qui vous affligent et constater leurs liens avec vos chakras.

MALAISES PHYSIQUES :

- Mal d'estomac ;
- Indigestion ;
- Problème au foie ;
- Manque fréquent d'air ;
- Mauvaise respiration.

MALAISES ÉMOTIONNELS ET MENTAUX :

- Angoisse ;
- Anxiété ;
- Refoulement de ses émotions ;
- Refoulement de sa colère ;
- Constant besoin d'en faire plus pour être aimé.

MALAISES SPIRITUELS :

- Ne pas être constant sur son chemin spirituel ;
- Rejeter sa colère contre Dieu.

CONSEILS POUR OUVRIR SON CHAKRA DU PLEXUS SOLAIRE, LE PURIFIER ET EN PRENDRE SOIN

Le plexus solaire est un centre énergétique qui doit constamment être en mouvement, car l'énergie ne doit pas stagner. Pour ce faire, vous avez à votre disposition différents outils pour travailler quotidiennement votre troisième chakra. Plus vous passerez de temps à nettoyer et à équilibrer votre chakra solaire, plus vous en ressentirez les bienfaits.

SOLEIL :

Le soleil est notre source d'énergie la plus importante. Le soleil projette de la lumière sur la Terre, et les sept couleurs de l'énergie spirituelle découlent des rayons qu'il nous offre. Les gens, les animaux, les plantes, les minéraux, l'eau ainsi que nos chakras reçoivent l'énergie de la lumière du soleil. Prenez des instants chaque jour pour apprécier l'énergie du soleil. Vous pouvez vous asseoir au soleil durant environ 15 minutes. Le soleil va purifier vos chakras, notamment votre plexus solaire.

PENDENTIF – BIJOUX :

Porter un pendentif ou tout autre bijou ayant la forme du soleil vous permettra de vous relier aux vibrations de l'énergie du soleil. Il serait idéal que le pendentif soit à la hauteur de votre plexus solaire.

ALIMENTATION :

Mangez des fruits et des légumes jaunes, et buvez des boissons jaunes. Essayez d'égayer vos repas en ajoutant une touche de jaune. Vous pourrez mieux visualiser votre chakra du plexus solaire si vous incluez du jaune dans votre alimentation.

VÊTEMENTS :

Portez des vêtements jaunes, que ce soit un chandail, des bas, un foulard, pourvu que, quotidiennement, vous puissiez avoir du jaune sur vous. Porter du jaune aidera à activer votre troisième chakra et à le nettoyer des énergies négatives.

PROTECTION :

Lorsque vous êtes en présence d'autres personnes, essayez de ne pas vous tenir directement face à elles. Le fait de tourner votre corps ou même seulement de placer une main sur votre plexus solaire vous aidera à vous protéger des mauvaises énergies et des attaques psychiques venant des gens que vous rencontrez.

MÉDITATION D'OUVERTURE ET D'HARMONISATION POUR LE CHAKRA DU PLEXUS SOLAIRE

Les rayons du soleil coulent sur vous. Vous êtes prêt à harmoniser votre chakra du plexus solaire. Préparez-vous à ressentir l'énergie vibrer en vous. Vous devez être prêt à libérer les émotions enfouies dans votre chakra solaire. Respirez profondément et régulièrement trois fois. Détendez-vous complètement. Continuez de respirer profondément tout en prenant conscience de votre soleil intérieur.

Visualisez ou imaginez une lumière jaune brillante se loger dans votre chakra du plexus solaire. Ressentez son mouvement dans votre plexus solaire. La lumière jaune tourne doucement dans le sens horaire. Un tourbillon d'énergie se lie à la lumière jaune. C'est votre chakra solaire. Vous êtes calme et détendu.

Imaginez maintenant que votre plexus solaire s'ouvre doucement au fur et à mesure que la lumière jaune continue de tourner dans votre troisième chakra. Un soleil radieux prend place en vous. Vous ressentez un bien-être immense. Continuez de respirer profondément et lentement. Laissez la lumière jaune harmoniser votre soleil intérieur. Il se peut que vous ressentiez la puissance d'énergie tourbillonner en vous. Il se peut également que vous ressentiez des émotions diverses. Lâchez prise. Laissez l'énergie universelle de vie filtrer en vous.

Reconnaissez vos émotions. Ne les niez pas. Soyez attentif à l'harmonisation qui se fait en ce moment dans votre plexus solaire. Acceptez de libérer tous les sentiments enfouis.

Visualisez ou imaginez la lumière jaune se changer graduellement en une belle lumière orange qui se loge dans votre chakra sacré. Respirez. Laissez la lumière dénouer les blocages. Elle devient rouge et pénètre votre chakra racine. Elle continue sa route dans vos hanches, vos jambes, vos genoux et vos pieds, puis s'enracine fermement dans la Terre-mère.

Vous avez entrepris l'ouverture de votre plexus solaire. Vous avez commencé à exprimer vos émotions par votre chakra solaire. Vous nettoyez votre plexus. Vous faites en sorte que l'énergie vitale qui est dans votre plexus solaire puisse circuler librement. Quoi qu'il en soit, vous avez entrepris de guérir votre chakra du plexus solaire. Il s'en porte mieux maintenant. Vous êtes détendu et calme. Ouvrez les yeux.

L'AURA : LE CORPS MENTAL

La troisième couche de l'aura est associée aux fonctions mentales et à la pensée linéaire. Elle vibre au-delà du corps émotionnel. Sa couleur est jaune. Elle s'étend de 8 à 20 centimètres du corps. Elle contient nos idées. Les pensées s'y forment. L'avenir est présent. On vit dans le monde du possible. On a le contrôle. Si le plexus solaire n'est pas harmonisé, la troisième couche de votre aura sera vulnérable aux mauvaises énergies. Il est nécessaire de nettoyer quotidiennement votre champ d'énergie et d'équilibrer également votre plexus solaire.

THÈME DE LA SEMAINE 3 : LES HUILES ESSENTIELLES

Utiliser les huiles essentielles sur les chakras est une excellente méthode pour activer, protéger et purifier vos centres énergétiques. Les huiles essentielles ont un effet curatif positif sur les chakras, qu'on les utilise en massage, dans les bains ou tout simplement directement sur les chakras. Pour nettoyer l'aura, on verse deux gouttes d'huile essentielle de genévrier sur les paumes des mains, on les frotte l'une contre l'autre, puis on les passe autour du corps physique. Pour appliquer l'huile directement sur le chakra désiré, on verse une goutte sur le bout des doigts et on place ces derniers sur le chakra en tournant dans le sens horaire.

Voici les principales huiles essentielles utilisées pour la guérison des chakras.

CHAKRA RACINE :

Il faut utiliser une huile fortifiante qui permet de se sentir ancré et centré.

- Vétiver ;
- Myrrhe ;
- Chêne ;
- Benjoin ;

- Patchouli ;
- Violette.

CHAKRA SACRÉ :

Il est important d'utiliser une huile sensuelle, fortifiante et énergisante.

- Jasmin ;
- Essence de rose ;
- Santal ;
- Sauge sclarée ;
- Ylang-ylang ;
- Cardamome ;
- Gingembre.

CHAKRA DU PLEXUS SOLAIRE :

Une huile qui protège, qui purifie et qui équilibre aidera grandement votre plexus solaire.

- Genévrier ;

- Vétiver ;
- Géranium.

CHAKRA DU CŒUR :

Une huile douce vous aidera à protéger votre chakra du cœur.

- Essence de rose ;
- Mélisse ;
- Néroli ;
- Bergamote ;
- Ylang-ylang.

CHAKRA DE LA GORGE :

Il faut choisir une huile qui contribue à l'expression et qui purifie la gorge.

- Camomille romaine-allemande ;
- Angélique ;
- Bois de rose ;
- Thym.

CHAKRA DU TROISIÈME ŒIL

Il faut choisir une huile qui aide à développer l'intuition, la concentration et la perception.

- Immortelle ;
- Romarin ;
- Basilic ;
- Genévrier ;
- Thym.

CHAKRA COURONNE

Il faut utiliser une huile qui incarne la sagesse divine, qui fortifie et qui ouvre le chakra.

- Lavande ;
- Bois de rose ;
- Oliban ;
- Myrrhe ;
- Santal.

SEMAINE 3

LE CHAKRA DU PLEXUS SOLAIRE

QUESTIONNAIRE 3

Voici le questionnaire destiné à travailler et à comprendre votre chakra du plexus solaire. Il est important de répondre aux questions de la façon la plus honnête possible. Veuillez noter que plus vous équilibrerez vos chakras, plus vous remarquerez une évolution dans vos réponses des questionnaires.

Avez-vous une bonne concentration ou êtes-vous plutôt souvent déconcentré ?

Manquez-vous de confiance en vous au point de vous sentir concerné par ce que les autres pensent de vous ?

Si oui, pourquoi ?

____

____

____

____

____

Prenez-vous beaucoup de temps avant de prendre une décision ?

____

Êtes-vous perfectionniste ?

____

Préférez-vous faire les choses à votre manière ?

____

Avez-vous peur de la solitude ?

____

Respirez-vous bien ? Prenez-vous le temps chaque jour de bien respirer ?

Reniez-vous vos émotions ?

Avez-vous peur de vos émotions ?

Si oui, pourquoi ?

Avez-vous accepté votre MOI INTÉRIEUR ?

Si oui, comment ? Si non, pourquoi ?

Vous sentez-vous mal à l'approche
de certaines personnes ?

____

Avez-vous déjà eu ou avez-vous en ce
moment un ulcère d'estomac ?

____

Croyez-vous que, lors de votre incarnation terrestre,
vous ayez rapporté des émotions d'une vie antérieure ?

____

Comment allez-vous faire pour vous
débarrasser des émotions du passé ?

____

____

____

____

____

____

____

Ressentez-vous des liens invisibles qui vous drainent votre énergie ?

Si oui, de qui proviennent-ils selon vous ?

Êtes-vous dépendant d'une personne qui vous enlève votre énergie ?

SEMAINE 4

CHAKRA DU CŒUR

S'ouvrir à l'amour – chakra du cœur.

Ce mandala peut être photocopié pour être colorié.

QU'EST-CE QUE LE CHAKRA DU CŒUR ?

Le chakra du cœur est relié au plexus solaire d'une manière privilégiée et intime. Ce chakra est un des principaux centres de l'énergie vitale, mais également de l'énergie spirituelle qui circule en chacun de vous. Si votre chakra du cœur est fermé, aucun autre chakra ne pourra fonctionner adéquatement. Vous avez appris que si vous n'êtes pas bien enraciné, tous vos chakras seront déséquilibrés. Il en est de même avec le chakra du cœur. Tout comme le chakra racine est votre base, l'essence de votre enracinement, le chakra du cœur est la base de la partie spirituelle de votre être, le fondement de l'amour, car le cœur porte en lui l'amour inconditionnel.

Votre quatrième chakra est une énergie pure : d'amour, de vie et de gaieté. Plus ce centre énergétique est ouvert, plus votre attitude à aimer étend son rayon d'action. Avant d'aimer les autres, il faut d'abord s'aimer soi-même. Si ce chakra est en santé, vous vous aimez, vous aimez vos enfants, vos parents, vos amis, vos animaux domestiques et tout ce qui vous entoure. C'est par le chakra du cœur que vous vous connectez à vos relations d'amour et d'amitié.

Lorsque vous expérimentez cette ouverture à l'amour, vous éprouvez de tendres sentiments qui coulent à travers ce chakra. Vous pouvez même pleurer si vous vous rendez compte que cela a fait défaut dans votre vie auparavant. Le chakra du cœur est votre lien avec vos différents karmas, car le quatrième chakra est relié également à la quatrième couche de votre aura, qui contient tous vos karmas. En étant uni au chakra sacré, le chakra du cœur doit libérer beaucoup de blessures du passé.

Le chakra du cœur d'un thérapeute énergétique se doit d'être parfaitement en santé et équilibré, car toute l'énergie vitale des autres chakras remonte verticalement et passe par le chakra du cœur du thérapeute et rayonne dans ses mains. C'est par le chakra du cœur que vous agissez sur le plan physique pour obtenir ce que vous voulez.

Le chakra du cœur possède trois chakras secondaires :

- Le cœur physique ;

- Le cœur karmique, qui contient les empreintes karmiques ;
- Le chakra maître du cœur (qui est en développement chez la plupart des êtres humains et qui est situé entre le chakra du cœur et le chakra de la gorge). On peut aussi l'appeler le huitième chakra.

OÙ SE SITUE LE CHAKRA DU CŒUR ?

Le chakra du cœur est situé entre les chakras de la gorge et du plexus solaire, deux chakras plus étroits que les précédents (plexus sacré et racine). Il se situe à la hauteur du cœur physique. Pour que le chakra du cœur soit en santé et équilibré, il faut qu'il ait une bonne relation avec le chakra sacré. Nous avons vu précédemment que tous les chakras sont en communication, donc il faut retenir que le cœur respire l'amour, notamment pour envoyer l'énergie à travers les chakras supérieurs (gorge, troisième œil, couronne). Il faut respirer l'amour, il faut être apte à affirmer : « Je m'aime ».

Nous avons vu que les chakras sont aussi physiques que spirituels. Toutefois, c'est le chakra du cœur qui fait le lien entre les plans spirituels et terrestres. À ce point, l'amour inconditionnel est ce qui est le plus important lorsque nous parlons du chakra du cœur. Il faut élever votre pouvoir personnel à travers ce réceptacle pour qu'il devienne transpersonnel.

Les thérapeutes, médiums, voyants et guérisseurs qui canalisent et reçoivent l'énergie universelle se doivent d'unir leur pouvoir personnel à l'énergie de leur cœur pour être aptes à bien transmettre l'information venant des sphères célestes.

DYSFONCTIONS RELIÉES AU CHAKRA DU CŒUR

L'amour ne demande rien en retour : c'est l'amour inconditionnel. Aimer pour ensuite recevoir en retour de l'argent, de l'attention, des politesses ou pour se faire dire : « Oh ! comme tu es gentil ! » n'est pas aimer inconditionnellement, mais bien conditionnellement. Là se situe la différence.

AMOUR CONDITIONNEL :

Pour guérir un chakra du cœur, il faut être apte à aimer inconditionnellement. Ceux qui n'ont jamais expérimenté cet amour pur inconditionnel vont se demander comment faire. Sachez qu'il faut faire attention à l'égo, qui, la plupart du temps, se mêle de la partie. C'est l'égo qui préfère aimer conditionnellement.

Donne-moi ceci, et je te donnerai cela.

Aime-moi inconditionnellement et je t'aimerai inconditionnellement en retour.

L'amour conditionnel n'est pas de l'amour. Il faut cesser de laisser parler l'égo. Une fois que vous aurez compris l'amour inconditionnel, vous réaliserez que votre cœur contient assez d'amour pour aimer la planète entière. Et qu'il est plus satisfaisant pour l'âme de ne rien attendre en retour que d'exiger qu'on vous aime de la même manière.

LES BLESSURES :

Votre cœur doit être libre de douleurs, de blessures, de colère et de tristesse qui vivent en vous. Ces sentiments bloquent le chakra du cœur et il devient alors déséquilibré. Plus vous nourrirez ces sentiments et plus vous bloquez l'essence même de l'amour inconditionnel qui vit en vous. Il faut vous libérer des douleurs et des blessures, il faut que vous passiez à l'étape supérieure, c'est-à-dire la libération. Se libérer ne veut pas dire fuir, mais accepter et passer à autre chose. Lâchez prise et poursuivez votre route.

Plus votre cœur retrouvera sa pureté, plus vous attirerez la pureté, la lumière et l'amour inconditionnel. Si votre chakra du cœur est en santé et tourne dans le sens horaire, il attire l'énergie universelle de vie et il devient un aimant pour l'énergie positive des autres personnes.

Vous pouvez être entouré de dizaines de personnes dans votre vie, mais cela ne veut pas dire que vous êtes en compagnie de personnes qui ont le cœur pur et qui reflètent la lumière.

LE PASSÉ :

Dans votre vie, vous avez pu vivre une peine d'amour, et peut-être une plus grande que celle des autres. Il se peut que votre chakra du cœur se soit fermé à toute forme d'amour. Si votre quatrième chakra est fissuré, fermé, vide ou fragmenté, comment faites-vous pour bien respirer ? Comment pouvez-vous bien fonctionner dans votre vie si vous n'avez jamais pardonné ce qui a pu se produire dans le passé ? Les douleurs du passé qui n'ont pas pu être réglées blessent considérablement votre cœur.

Vous transportez des énergies du passé que vous avez logées dans votre chakra du cœur. La peur d'aimer de nouveau se fait sentir et vous craignez une fois de plus de souffrir, d'être abandonné et rejeté. Pour ce faire, vous préférez le « non-amour » ou le rôle de victime. Il est plus confortable pour vous d'agir en victime devant les autres pour qu'ils se sentent concernés et qu'ils vous prennent en pitié. Vous pouvez alors retenir leur attention et cela nourrit votre égo. Un égo ainsi nourri s'amplifie et grossit au point où, lorsque vous vous déciderez à aimer de nouveau, vous aimerez de manière conditionnelle, en attendant quelque chose en retour.

C'est un cercle vicieux. Il vous faut vous défaire des douleurs du passé, même s'il s'agit de peines d'amour. Une fois que vous aurez pardonné, vous serez libéré et votre chakra du cœur pourra aimer comme il se doit, d'un amour pur et inconditionnel. N'attendez pas d'être aimé pour aimer. Commencez par vous aimer, et par la suite, aimez, un point c'est tout.

L'énergie circulera et cet amour que vous portez aux autres vous reviendra comme il se doit, sans arrière-pensée, dans un flux puissant d'énergie inconditionnelle. Quand votre chakra du cœur est ouvert et en santé, vous agissez de façon positive pour atteindre les objectifs que vous vous êtes fixés et êtes persuadé qu'ils se concrétiseront avec succès. Car l'amour que vous portez à vos projets émet une énergie puissante et créatrice.

Aimez inconditionnellement !

MALAISES PHYSIQUES, ÉMOTIONNELS, MENTAUX ET SPIRITUELS RELIÉS AU CHAKRA DU CŒUR

Étant donné que les chakras n'agissent pas seulement sur le plan spirituel, il est aisé de comprendre que nous pouvons, d'une manière ou d'une autre, les ressentir, que ce soit par différents malaises physiques, émotionnels, spirituels et mentaux. En acceptant que vos centres d'énergies doivent être équilibrés, vous devez être à l'affût des différents malaises qui vous affligent et constater leurs liens avec vos chakras.

MALAISES PHYSIQUES :

- Mal aux bras ;
- Mal aux mains ;
- Mal aux doigts ;
- Nausée ;
- Crise de cœur ;
- Angine.

MALAISES ÉMOTIONNELS ET MENTAUX :

- Agoraphobie ;
- Claustrophobie ;
- Incapacité à pardonner ;
- Amour conditionnel ;
- Besoin de nourrir son égo.

MALAISES SPIRITUELS :

- Être attaché aux biens matériels ;
- Concevoir faussement la volonté divine ;
- Penser que les autres s'opposent à sa volonté ;
- Vivre pour survivre et non vivre pour aimer.

CONSEILS POUR OUVRIR SON CHAKRA DU CŒUR, LE PURIFIER ET EN PRENDRE SOIN

Comme le quatrième chakra est votre lien avec les plans spirituel et terrestre, il convient de lui accorder une grande attention. Pour ressentir l'énergie de votre base, vous devez savoir comment harmoniser votre chakra du cœur. Plus vous méditerez et travaillerez avec les différents outils contenus dans ce livre, plus vous pourrez ressentir l'énergie tourner dans votre chakra du cœur. C'est par une attention quotidienne que vous pourrez atteindre votre objectif d'ouvrir votre chakra du cœur et de faire en sorte qu'il soit en santé.

GUÉRISON ÉMOTIONNELLE :

Comprendre le lien entre votre plexus solaire et votre chakra du cœur vous aidera à libérer les douleurs du passé. Plus votre plexus solaire est réceptif, mieux il transmet l'énergie jusqu'à votre chakra du cœur.

- Aimer inconditionnellement ;
- Libérer le cœur des blessures ;
- Pardonner le passé ;
- Ne pas nourrir l'égo ;
- Ne pas se victimiser devant les autres.

Vous pouvez vous procurer les cartes OH*, un excellent jeu qui vous aidera à libérer votre cœur.

LECTURE :

Lorsque vous travaillez votre chakra du cœur, il est adéquat de lire, surtout des romans et des histoires d'amour, mais cela peut aussi être des cas vécus avec de beaux messages reflétant des histoires de courage, de foi et d'amour.

*Raman, Éditions EOS, 2002.

Cela active votre chakra du cœur et l'aide à s'ouvrir. Tout en lisant un bon livre, vous pouvez écouter les sons de la nature, comme un ruisseau, le vent, un orage ou le chant des oiseaux.

FILMS :

Travailler le quatrième chakra vous apportera des instants de calme et aussi d'amusement et de réconfort. Regardez des films d'amour même si c'est à l'eau de rose et que vous savez déjà comment cela va se terminer. Votre cœur se gonflera d'amour en écoutant les histoires que vous verrez dans les films. Vous pouvez même écouter un film en prenant un repas aux chandelles, que vous soyez en couple ou célibataire. Créez une atmosphère de détente et vous vous sentirez extrêmement bien.

Et n'oubliez pas de travailler avec la couleur verte :

- Cristaux ;
- Nourriture ;
- Vêtements.

MÉDITATION D'OUVERTURE ET D'HARMONISATION POUR LE CHAKRA DU CŒUR

La méditation pour le chakra du cœur vous aidera à vous relier à l'énergie d'amour qui circule en vous. La conscience divine filtrera à travers vous. Vous serez ainsi uni à l'aspect le plus évolué de votre âme. Fermez les yeux. Détendez-vous complètement. Prenez une grande inspiration. Tout en expirant, chassez les énergies négatives qui se sont collées à votre champ d'énergie. Prenez une autre inspiration et faites entrer l'amour inconditionnel en vous. Attendez quelques secondes, puis expirez doucement par la bouche. Vous êtes calme.

Visualisez ou imaginez une magnifique lumière verte pénétrer par votre chakra du cœur. Ressentez sa chaleur vous envahir comme un feu brûlant vibrant dans votre poitrine. Soyez réceptif pour accueillir l'amour qui provient de la lumière verte. La lumière tourne doucement dans le sens horaire. Voyez un tourbillon d'énergie se lier à la lumière verte. C'est votre chakra du cœur. Vous êtes rayonnant d'amour.

Visualisez ou imaginez votre chakra du cœur s'ouvrir doucement au fur et à mesure que la lumière verte circule dans votre chakra. Une magnifique fleur s'épanouit et vous présente ses pétales verts. Plus la lumière tourne dans votre chakra du cœur, plus les pétales s'ouvrent.

Respirez doucement. Laissez la lumière verte harmoniser votre cœur. Il se peut que vous ressentiez une puissante énergie tourbillonner en vous. Il se peut également que vous ressentiez des émotions diverses. Lâchez prise. Laissez l'énergie universelle de vie filtrer en vous doucement.

Visualisez ou imaginez la lumière verte se changer graduellement en lumière jaune et descendre dans votre plexus solaire, qui l'accueille avec amour. La lumière devient orange et se loge dans votre chakra sacré. Elle dégage toujours une chaleur intense et vous ressentez ses bienfaits. Puis, la lumière se change graduellement en un beau rouge flamboyant et pénètre votre chakra racine. Elle continue sa route dans vos hanches, vos jambes, vos genoux et vos pieds, puis s'enracine fermement dans la Terre-mère.

Vous avez entrepris l'ouverture de votre chakra du cœur. Vous avez commencé à aimer inconditionnellement. Vous vous libérez des blessures et douleurs du passé. Vous êtes prêt à aimer et à être aimé. Vous nettoyez votre cœur de votre égo. Vous faites en sorte que l'énergie spirituelle qui est dans votre cœur puisse circuler librement. Quoi qu'il en soit, vous avez entrepris de guérir votre chakra du cœur. Il s'en porte mieux maintenant.

Vous êtes détendu et calme. Ouvrez les yeux.

L'AURA : LE PLAN ASTRAL

La quatrième couche de l'aura est associée au chakra du cœur et véhicule l'amour, celui que nous portons non seulement à notre famille et à notre entourage, mais aussi à l'amour inconditionnel et à l'humanité tout entière. La quatrième couche est le plan astral. Toutes les énergies passent d'un monde à l'autre. Cette couche permet de voir les esprits, les énergies supérieures, les anges et les guides spirituels. C'est la couche de l'amour. C'est là que la méditation entre en ligne de compte. Elle permet de faire voyager la conscience. Les couleurs sont plus belles que le corps émotionnel. Le rose s'ajoute avec plus d'intensité. La quatrième couche s'étend de 15 à 30 centimètres du corps. Elle permet de ressentir si vous êtes bien avec une personne ou non. C'est la couche où se trouvent tous vos karmas.

THÈME DE LA SEMAINE 4 : BOL TIBÉTAIN, TINGSHAS ET MUSICOTHÉRAPIE

BOL TIBÉTAIN :

Le bol chantant, ou bol tibétain, est un merveilleux outil pour faire travailler le chakra du cœur. Il peut aussi être utilisé avant la méditation. Le son du bol tibétain permet l'apaisement de l'esprit et de l'âme. Les bols chantants se rattachent à la culture prébouddhiste. Leur origine remonterait à l'âge du bronze. Venus d'Extrême-Orient, ces bols auraient été introduits au Tibet par des forgerons nomades qui étaient des adeptes de chamanisme. Ils sont actuellement fabriqués au Népal, en Inde et au Tibet. Les bols chantants sont normalement constitués d'un alliage de sept métaux représentant sept astres : l'or (le Soleil), l'argent (la Lune), le mercure (Mercure), le cuivre (Vénus), le fer (Mars), l'étain (Jupiter) et le plomb (Saturne). Selon la légende, on dit que le fer employé aurait une origine céleste et viendrait des météorites ramassées dans l'Himalaya. On peut faire résonner les bols tibétains en les frottant ou en les frappant. On doit utiliser une mailloche recouverte de feutre. Cette méthode permet d'assourdir le bruit et d'obtenir un son pur. On peut aussi utiliser les doigts ou frotter le bord extérieur avec un bâton de bois. Il faut un peu d'entraînement pour utiliser adéquatement un bol tibétain. C'est un excellent outil pour faire travailler le chakra du cœur, surtout si vous utilisez le bol chantant à la hauteur du quatrième chakra.

TINGSHAS (cloche tibétaine) :

Réveillez votre esprit et apportez la paix à votre âme et à votre corps avec les vibrations des tingshas, ces clochettes tibétaines qui ont d'abord été employées pendant des siècles par les Tibétains pour se préparer à la méditation. Quand les deux morceaux se touchent, ils produisent un son clair, pur, qui peut être utilisé pour focaliser l'esprit avant et après la méditation. Les tingshas sont idéales pour purifier un lieu des énergies négatives. Elles sont aussi employées pour la guérison et l'harmonisation de l'aura et des chakras. On les utilise également en feng shui.

MUSICOTHÉRAPIE :

C'est reconnu depuis toujours, la musique a un effet bienfaiteur. La musicothérapie consiste en une utilisation judicieuse de la musique comme un outil thérapeutique de base pour rétablir, maintenir ou améliorer la santé mentale, physique et émotionnelle d'une personne. C'est pour cela qu'on retrouve de la musique destinée à la guérison. En méditation, on utilise également la musique. Pour travailler le chakra du cœur, utiliser les sons de tambours, notamment la musique amérindienne, qui reproduit les battements de cœur de la Terre-mère, va grandement vous aider à harmoniser votre quatrième chakra.

SEMAINE 4

LE CHAKRA DU COEUR

QUESTIONNAIRE 4

Voici le questionnaire destiné à travailler et à comprendre votre chakra du cœur. Il est important de répondre aux questions de la façon la plus honnête possible. Veuillez noter que plus vous équilibrerez vos chakras, plus vous remarquerez une évolution dans vos réponses des questionnaires.

Attendez-vous quelque chose en retour lorsque vous exprimez votre amour à autrui ?

___

Dans votre enfance, vous a-t-on appris à aimer inconditionnellement, c'est-à-dire sans rien attendre en retour ?

___

Avez-vous vécu une peine d'amour récemment ?

Vous accrochez-vous à vos blessures du passé ?

Si oui, pourquoi ?

Avez-vous peur d'aimer ?

Jouez-vous le rôle de la victime ?

Vous acceptez-vous tel que vous êtes ?

Si non, pourquoi ?

Avez-vous de la difficulté à dire non aux autres ?

Avez-vous peur d'être abandonné ou rejeté par les autres ?

Si oui, pourquoi ?

Êtes-vous jaloux du succès des autres ?

Si oui, pourquoi ?

Êtes-vous en colère de ne pas vivre votre vie pleinement et pourquoi ?

Êtes-vous heureux ?

Recherchez-vous sans cesse le bonheur ?

____

Parmi les choix suivants, quelle est votre priorité dans la vie ? (amour, argent, succès, sérénité, bonheur, famille, amitié)

____

Quelle est votre conception de l'amour ?

____

____

____

____

____

____

SEMAINE 5

CHAKRA DE LA GORGE

La liberté de parler – chakra de la gorge.

Ce mandala peut être photocopié pour être colorié.

QU'EST-CE QUE LE CHAKRA DE LA GORGE ?

Le chakra de la gorge est le centre de la communication. Il est relié à notre besoin d'expression et à notre pouvoir d'enracinement qu'on retrouve dans le chakra racine. Ces deux chakras sont reliés. Lorsque votre chakra de la gorge est déséquilibré, il déséquilibre votre chakra racine, et vice versa. Le chakra de la gorge est également associé à la responsabilité de nos besoins personnels. Beaucoup de gens accusent les autres de leurs propres manques : désirs, affection, amour. Leur chakra de la gorge ne fonctionnera pas convenablement. Cela va créer des blocages qui engendreront par la suite des dysfonctions importantes à ce chakra, mais également aux autres chakras qui y sont reliés.

Il faut prendre conscience que ce chakra révèle également la réceptivité d'une personne à l'égard de ce qui vient à elle. Si le chakra de la gorge ne tourne pas dans le sens horaire, vous ne serez pas apte à saisir les occasions qui se présenteront à vous, car vous serez incapable de vous exprimer adéquatement. Si vous maintenez un chakra de la gorge en santé, vous pourrez choisir les bons mots pour vous exprimer. Vous attirerez peu à peu de quoi l'alimenter, puis vous serez capable de le garder ouvert.

Il se peut que le processus pour ouvrir le chakra de la gorge soit ardu. L'énergie négative qui s'est logée depuis longtemps dans ce réceptacle remontera à la surface et essaiera de vous décourager de le faire tourner dans le sens horaire. Si vous êtes apte à surmonter cette épreuve et à comprendre pourquoi cela se produit, votre chakra de la gorge se portera mieux. Vous pourrez détendre les muscles de votre gorge, mieux vous exprimer et alimenter votre chakra racine, la base de votre enracinement.

Plus votre chakra racine est équilibré, plus il vient en aide à votre chakra de la gorge. La notion de responsabilité du chakra racine est liée à celle du chakra de la gorge. N'oubliez pas que l'énergie vitale qui circule de manière verticale, de la base jusqu'à la couronne, doit être constamment alimentée par de bonnes vibrations venant de chacun des chakras. Il est temps maintenant de comprendre que votre chakra de la gorge est aussi précieux que votre chakra couronne. Si vous cultivez des paroles positives, vous sentirez l'énergie circuler à travers votre chakra de la gorge. Par contre, si les mots qui sortent de votre bouche ne sont que l'écho du négativisme et du pessimisme, votre cinquième chakra va rapidement se fissurer et se blesser.

OÙ SE SITUE LE CHAKRA DE LA GORGE ?

Le chakra de la gorge est situé sur le devant de la gorge, entre l'énergie du cœur et l'énergie spirituelle provenant du chakra du troisième œil et du chakra couronne. Il se trouve dans un rétrécissement du corps physique, au niveau du cou. Il est relié à la thyroïde, aux cordes vocales et au larynx. Quand il est ouvert, équilibré et qu'il tourne dans le sens horaire, le chakra de la gorge peut se détendre. Il est alors relié parfaitement aux chakras de la base, c'est-à-dire le chakra racine et le chakra sacré, et transmet une bonne énergie. Lorsqu'il est relié au chakra du cœur, le chakra de la gorge exprime l'amour et affirme l'amour inconditionnel, car étant en parfaite relation avec le cœur, il communique étroitement avec le plexus solaire pour chercher l'harmonie et la paix.

Il faut prendre conscience que chaque mot que vous exprimez s'enracine dans ce réceptacle destiné à l'expression. C'est pour cela qu'il faut faire attention aux paroles qui sortent de votre bouche. Nous transportons la vibration du divin dans notre gorge. Agissons en maître et faisons en sorte que notre parole soit d'or.

DYSFONCTIONS RELIÉES AU CHAKRA DE LA GORGE

Les problèmes reliés à la gorge peuvent être nombreux. J'explique ici les plus courants. N'oubliez pas que si tous ces malaises ne sont pas réglés, ils vont rigidifier le chakra de la gorge. Un chakra de la gorge est déséquilibré s'il est obstrué, fermé, fissuré ou fragmenté. En plus, si des empreintes karmiques sont logées dans votre gorge, il sera plus ardu de savoir d'où viennent ces blessures.

SILENCE :

Lorsque le chakra de la gorge n'est pas équilibré, votre communication est bloquée. Vous fermez alors votre cinquième centre énergétique. Vous vous réfugiez dans le silence au lieu de communiquer. Vous craignez de prendre votre place, car le fait de vous exprimer démontrerait qui vous êtes réellement. Vous n'osez pas poser de questions, donner votre opinion ni communiquer aux autres votre perception de la vie. Au lieu de circuler, l'énergie demeure confinée dans le réceptacle et devient destructrice. Elle tourne sur elle-même, crée des trous et blesse le chakra. En retenant les mots non dits, votre gorge se cristallise et votre thyroïde est atteinte. C'est ce qu'on appelle l'hypothyroïdie. L'opposé serait quelqu'un qui parlerait trop, qui dirait des paroles blessantes ou qui contredirait toujours autrui. Une telle attitude atteint également la thyroïde et entraîne l'hyperthyroïdie.

Lorsqu'on a un chakra de la gorge confiné au silence, les mots non exprimés ne véhiculent pas l'amour, mais plutôt la colère, le refus et la haine. Et lorsque le chakra s'ouvre un peu, il est possible qu'il y ait un enchaînement de mots qui peuvent blesser, attaquer ou flatter. Une personne ayant ce problème peut semer en elle beaucoup de tristesse, de manque de confiance et de peur. L'âme peut être atteinte. Il faut comprendre qu'un chakra de la gorge fermé peut l'avoir fait pour se protéger.

DIALOGUE INTÉRIEUR NÉGATIF :

Une personne ayant un chakra de la gorge fermé ne s'exprime pas extérieurement, mais intérieurement. Quel est le discours d'un dialogue intérieur négatif ? Car il est négatif, n'est-ce pas, puisque le chakra de la gorge est fermé. À quoi peuvent ressembler les paroles d'un tel chakra ?

- Tu ne mérites pas d'être aimé ;
- Comment peux-tu t'aimer ? ;
- Les autres vont rire de toi si tu parles ;
- Tu es lâche ;
- Tu n'es pas assez bien.

Ces fausses croyances sont communiquées à l'âme, et plus une personne les entend, plus elle en vient à les croire. Ce dialogue n'exprime pas l'amour, il ne le peut pas puisque, n'étant pas relié au chakra du cœur, il est fermé et déséquilibré.

PAROLE DESTRUCTRICE :

À l'opposé du dialogue intérieur négatif, il y a la parole destructrice. Celui dont le chakra de la gorge est trop ouvert, ne tourne pas dans le bon sens et, en plus, est fragmenté aura tendance à mal s'exprimer. Si, de plus, par le passé, une personne a expérimenté un chakra de la gorge fermé, elle s'exprimera maladroitement, blessant non pas elle-même, mais bien une autre personne.

- Tu n'es bon à rien ! ;
- Tu ne mérites pas que je t'aime ;
- Va-t'en, tu me fais honte.

Cette personne entend ces mots à l'intérieur d'elle, mais s'exprime ainsi pour se défendre et faire en sorte de ne plus entendre ce discours intérieur. Il y a des gens qui utilisent l'humour qui blesse, l'humour pour rire des autres, ce qu'on appelle l'humour noir. Ce genre d'humour entre dans la catégorie de la parole destructrice.

MALAISES PHYSIQUES, ÉMOTIONNELS, MENTAUX ET SPIRITUELS RELIÉS AU CHAKRA DE LA GORGE

Étant donné que les chakras n'agissent pas seulement sur le plan spirituel, il est aisé de comprendre que nous pouvons, d'une manière ou d'une autre, les ressentir, que ce soit par différents malaises physiques, émotionnels, spirituels et mentaux. En acceptant que vos centres d'énergies doivent être équilibrés, vous devez être à l'affût des différents malaises qui vous affligent et constater leurs liens avec vos chakras.

MALAISES PHYSIQUES :

- Hypothyroïdie ;
- Hyperthyroïdie ;
- Mal de gorge ;

- Laryngite ;
- Extinction de voix ;
- Douleur au cou.

MALAISES ÉMOTIONNELS ET MENTAUX :

- Manquer de confiance en soi ;
- Se replier sur soi ;
- Se croire inférieur aux autres ;
- Douter de ses capacités ;
- Ne pas montrer la vraie personne que l'on est devant les autres.

MALAISES SPIRITUELS :

- Ne pas avoir l'impression d'être relié à des sources supérieures ;
- Ne pas se croire assez important pour être spirituel ;
- Se laisser influencer par de faux prophètes.

CONSEILS POUR OUVRIR SON CHAKRA DE LA GORGE, LE PURIFIER ET EN PRENDRE SOIN

Le chakra de la gorge est relié à votre base et a besoin de son énergie vitale pour parvenir à bien fonctionner et à être harmonisé adéquatement. Plus vous travaillerez à son épanouissement, plus vous aurez une facilité à vous exprimer et à ressentir l'énergie tournoyer dans le sens horaire. Les conseils pour ouvrir un chakra de la gorge et le maintenir en santé vous aideront également à vous libérer des empreintes karmiques logées dans ce centre d'énergie depuis trop longtemps.

VOCALISES :

Travailler avec les sons permet d'éveiller votre chakra de la gorge. En pratiquant des vocalises chaque jour, vous pourrez mieux cerner les déséquilibres enfouis dans votre gorge. Comme je l'ai mentionné dans l'introduction, j'ai suivi des cours de chant durant deux ans pour travailler mon chakra de la gorge. Et chaque fois que je faisais des vocalises, je ressentais l'énergie circuler dans ma gorge.

Voyelle A : Débutez par la voyelle du cœur, qui est le son A. Laissez toute votre bouche épouser le A, en commençant plus fort et en diminuant doucement : AAaaaaaa… AAAaaaaa… AAAaaaa. Vous pouvez répéter ce son de trois à cinq fois.

Voyelle E : Cette fois-ci, travaillez avec le son de la gorge, c'est-à-dire le È. Ne forcez pas votre gorge, laissez le È s'unir à votre chakra de la gorge. Ce son va permettre de nettoyer et d'équilibrer votre gorge : ÈÈèèèè… ÈÈèèèè. Il ouvre également les autres chakras. Laissez-les s'ouvrir doucement. De la même manière que le A, répétez ce son de trois à cinq fois.

Voyelle E : Pour ouvrir lentement le réceptacle du chakra de la gorge, répétez de trois à cinq fois le É : ÉÉéééééé… ÉÉéééééé… ÉÉéééééé.

Voyelle I : Le son de la conscience est le I. Laissez vibrer en vous ce son jusqu'à ce que vous ressentiez une ouverture se faire à travers votre gorge : IIiiiii… IIiiiii… IIiiiii.

Note : Vous pouvez également travailler avec la voyelle U en remplacement de la voyelle I, qui est plus facile à maîtriser et avec laquelle on a moins de chance de blesser les cordes vocales.

EXERCICE *LA PORTE BLEUE* :

Pour réaliser cet exercice, il faut fermer les yeux et visualiser une porte bleue, devant laquelle vous vous tenez. La pièce qui se trouve de l'autre côté de la porte bleue est la représentation de votre chakra de la gorge. Inspirez profondément et ouvrez la porte. Entrez dans la pièce et observez d'abord si elle est éclairée. Devez-vous allumer ou l'est-ce déjà ? Reliez-vous à votre gorge et imaginez que son énergie vibre en vous. Vous ressentez le mouvement de votre chakra de la gorge. Soyez attentif à la pièce bleue. À quoi ressemble l'intérieur de cet endroit ? Vous y sentez-vous bien ? Y a-t-il des fenêtres ? D'autres portes ? Est-ce qu'il y a des gens à l'intérieur ? Vous sentez-vous oppressé de vous trouver là ? Visualisez maintenant une photographie accrochée au mur : qui ou que voit-on sur l'image ? Continuez de visiter la pièce. Vous vous trouvez maintenant devant un placard ouvert. Est-il vide ? Plein de souvenirs ? Vous devez maintenant quitter la pièce :

le regrettez-vous ? Cet exercice vous permettra de mieux comprendre l'état de votre chakra. Vous pouvez le combiner avec votre méditation.

AFFIRMATIONS :

Écrivez cinq phrases sous forme d'affirmations. Il faut que ce soit des mots que vous aimeriez dire à une personne de votre entourage, mais que vous n'osez pas dire, de peur d'être jugé ou de mettre l'autre personne en colère. Cela peut aussi être des affirmations que vous aimeriez vous dire. Ensuite, une fois les cinq affirmations écrites, lisez-les à voix haute. Vous n'êtes pas obligé de les dire à la personne concernée, mais le simple fait de les prononcer à voix haute permet à votre chakra de la gorge de travailler pour trouver un équilibre. Cet exercice aide également vos chakras du plexus solaire et du cœur.

À RÉFLÉCHIR :

- Exprimez-vous ! ;
- Ne laissez pas un dialogue intérieur négatif détruire votre âme ;

- Faites le point sur vos blessures du passé et reconnaissez qu'elles ont blessé votre gorge.

N'OUBLIEZ PAS :

- Les cristaux bleus ;
- Les vêtements bleus ;
- La nourriture et les boissons bleues.

MÉDITATION D'OUVERTURE ET D'HARMONISATION POUR LE CHAKRA DE LA GORGE

La méditation pour le chakra de la gorge vous permettra d'entrer en contact avec votre cinquième réceptacle d'énergie, qui doit vibrer au même rythme que la Terre-mère. Reconnectez-vous à l'essence de votre être. Fermez les yeux. Prenez une grande inspiration et expirez doucement par la bouche. Inspirez de nouveau, attendez quelques secondes, puis expirez en prenant conscience de l'état de votre chakra de la gorge. Tous les mots non exprimés blessent votre gorge. Rendez-vous-en compte.

Visualisez ou imaginez une lumière bleue brillante et magnifique se loger dans votre chakra de la gorge. Sa chaleur vous apaise. La lumière tourne doucement dans le sens horaire. Plus elle accentue le mouvement, plus votre chakra se libère. Continuez de respirer profondément. Un tourbillon d'énergie se lie à la lumière bleue. C'est votre chakra de la gorge.

Visualisez ou imaginez votre chakra de la gorge s'ouvrir doucement au fur et à mesure que la lumière bleue coule en vous. Une fleur vous présente ses pétales bleus et prend place en vous. Elle s'épanouit au point de s'ouvrir totalement dans votre chakra de la gorge.

Votre gorge et votre cou se détendent doucement, vous ressentez un immense bien-être entourer votre chakra de la gorge. Laissez la lumière bleue harmoniser votre gorge. Il se peut que vous ressentiez la puissance d'énergie tourbillonner en vous. Il se peut également que les émotions emprisonnées dans votre gorge se libèrent. Lâchez prise. Laissez l'énergie universelle de vie filtrer en vous.

Visualisez ou imaginez la lumière bleue se changer graduellement en lumière verte et descendre dans votre cœur, qui l'accueille avec chaleur. La lumière se change en une lumière jaune étincelante et pénètre votre chakra du plexus solaire. La lumière poursuit son chemin, devient orange et se loge dans votre chakra sacré. Elle dégage toujours une chaleur intense et vous ressentez ses bienfaits. Maintenant, la lumière est d'un rouge puissant et pénètre votre chakra racine. Elle continue sa route dans vos hanches, vos jambes, vos genoux et vos pieds et s'enracine fermement dans la Terre-mère.

Vous avez entrepris l'ouverture de votre chakra de la gorge. Vous commencez à comprendre l'importance de vous exprimer librement. Vous n'êtes pas affecté par un dialogue intérieur négatif. Vos paroles expriment l'amour. Vous savez qu'il est important d'avoir un chakra de la gorge en santé. À partir de maintenant, les mots circuleront librement à travers votre gorge. Quoi qu'il en soit, vous avez entrepris de guérir votre chakra de la gorge. Il s'en porte mieux maintenant. Vous êtes détendu et calme. Ouvrez les yeux.

L'AURA : LE GABARIT ÉTHÉRIQUE

La cinquième couche de l'aura est associée au chakra de la gorge et concerne la puissance de l'expression, l'écoute des paroles et la responsabilité des mots. Cette cinquième couche s'étend de 30 à 60 centimètres du corps. Ses couleurs varient du bleu clair au bleu foncé. Elle renferme toutes les formes du plan physique, comme si elle était un moule pour les quatre premières couches de l'aura. La cinquième couche est particulièrement vulnérable aux fuites énergétiques.

THÈME DE LA SEMAINE 5 : LES MANTRAS

Pour travailler adéquatement le chakra de la gorge, il peut être intéressant de faire des mantras. Qu'est-ce qu'un mantra ? Le mantra est une formule condensée, une série de syllabes assemblées, qui demeure mystérieuse. On répète de nombreuses fois ces syllabes à un rythme lent. Les mantras viennent principalement du bouddhisme et de l'hindouisme. Utilisé comme outil de méditation, le mantra sert d'instrument pour ouvrir le chakra de la gorge. Généralement, la personne qui récitait un mantra l'accompagnait d'un *mâla,* un chapelet comportant 108 grains. Vous connaissez sans doute le « OM », qu'on entend psalmodier dans les méditations de groupe et qui peut sembler complexe. Réalisez des mantras avant votre méditation pour votre chakra de la gorge.

SEMAINE 5

LE CHAKRA DE LA GORGE

QUESTIONNAIRE 5

Voici le questionnaire destiné à travailler et à comprendre votre chakra de la gorge. Il est important de répondre aux questions de la façon la plus honnête possible. Veuillez noter que plus vous équilibrerez vos chakras, plus vous remarquerez une évolution dans vos réponses des questionnaires.

Accusez-vous les autres des différents manques que vous avez dans la vie (affection, désirs, persévérance, courage, etc.) ?

Si oui, pourquoi ?

___

___

___

Vous réfugiez-vous dans le silence au lieu d'exprimer vos émotions ?

Si oui, pourquoi ?

Réagissez-vous comme on vous l'a appris dans l'enfance ou êtes-vous apte à réfléchir par vous-même et à avoir vos propres idées ?

Avez-vous des problèmes avec votre glande thyroïde ?

Êtes-vous capable de faire confiance aux autres ?

____

Parlez-vous lentement, normalement ou rapidement ?

____

Crachez-vous votre venin sur les autres quand vous êtes irrité ?

____

Avez-vous un dialogue intérieur négatif ?

Si oui, pourquoi ?

____

____

____

____

____

Aimez-vous faire de l'humour noir (qui blesse, qui irrite, qui se moque des autres) ?

____

Êtes-vous à l'aise de parler en public ?

Avez-vous souvent mal à la gorge ?

Vous croyez-vous inférieur aux autres ?

Si oui, pourquoi ?

Vous laissez-vous influencer par de faux prophètes ?

**Choisissez-vous les bons mots
quand vous vous exprimez ?**

Si une occasion se présentait à vous en cet instant précis, seriez-vous capable de la saisir ?

Préférez-vous le silence ou la parole ?

SEMAINE 6

CHAKRA DU TROISIÈME ŒIL

Intuition – chakra du troisième œil.

Ce mandala peut être photocopié pour être colorié.

QU'EST-CE QUE LE CHAKRA DU TROISIÈME ŒIL ?

Le chakra du troisième œil est le centre de la conscience. Ce réceptacle d'énergie se nourrit à travers le chakra couronne, en s'y enracinant et en puisant ses forces dans les plans célestes, mais également dans le chakra du cœur et dans l'énergie vitale des chakras inférieurs. C'est par ce chakra que les autres centres d'énergie sont élevés dans la conscience spirituelle. Le sixième chakra est spirituel et votre âme détient tous les mystères et les karmas qu'elle a logés dans vos sixième et septième chakras. Toutes les vies passées où vous avez été clairvoyant, médium ou passeur d'âmes, toutes les fois où on vous a persécuté à cause de vos dons, toutes ces mémoires sont dans votre troisième œil. Le chakra du troisième œil est également lié à notre capacité de visualisation, à notre façon de comprendre la réalité et à notre vision de l'univers.

Le chakra du troisième œil est tout aussi important que les autres chakras dans votre processus de guérison, car plus il est en santé, plus il est équilibré et mieux il communique son énergie aux autres chakras. Votre intuition sera à son plein potentiel, car le chakra du troisième œil est relié à vos capacités psychiques et à votre intuition. Si votre sixième chakra est déséquilibré, cela entraînera l'accumulation d'images négatives dans votre conscience. Pour que la guérison soit complète, vous devrez évacuer toute forme d'images non conformes et de croyances négatives. Vous devrez comprendre ces images et par la suite vous en libérer.

Les médiums, thérapeutes et guérisseurs se doivent de maintenir un chakra du troisième œil en santé, et ce, quotidiennement. C'est grâce à ce chakra et au chakra couronne qu'ils sont constamment reliés au divin et qu'ils sont en communication avec tous les chakras de la Terre. Ne dit-on pas d'un médium qu'il est « connecté » ou qu'il a des « antennes » ? Le chakra du troisième œil permet de voir avec son âme et de comprendre les raisons véritables de son incarnation terrestre.

OÙ SE SITUE LE CHAKRA DU TROISIÈME ŒIL ?

Le chakra du troisième œil est situé entre les arcades sourcilières. Le centre de ce chakra est logé dans le centre de votre cerveau, là où se trouve la glande pituitaire. Lorsqu'elle est éveillée, elle s'élève à la conscience christique, siège du chakra couronne. Là se trouve également la glande hypophyse, qui est en relation directe avec le chakra du troisième œil. Le sixième chakra est relié à vos capacités psychiques, à votre intuition, à votre relation avec le divin et à la conscience christique. Plus vous maintiendrez un chakra du troisième œil en santé, plus vous découvrirez à quel point vous pouvez être relié à cette merveilleuse énergie spirituelle qui coule à travers vous. C'est ce chakra relié au chakra racine qui fait monter la kundalini.

DYSFONCTIONS RELIÉES AU CHAKRA DU TROISIÈME ŒIL

Le chakra du troisième œil peut causer différentes dysfonctions s'il n'est pas équilibré. Ce n'est pas parce qu'il est généralement associé à l'énergie spirituelle qu'il n'est pas en cause dans les problèmes que vous pouvez connaître dans l'harmonisation de vos chakras.

PENSÉE NÉGATIVE :

Une des principales causes d'un dysfonctionnement du chakra du troisième œil est la pensée négative. Les gens qui sont portés à toujours tout critiquer, à toujours voir la vie en noir et à croire au malheur auront un chakra du troisième œil malade, fermé, vide, fragmenté ou fissuré. Comme ce chakra transporte l'énergie spirituelle et l'énergie vitale, il est important de comprendre que toutes les formes de pensées négatives entraîneront des images non conformes à l'évolution de la personne. C'est-à-dire que, dès qu'une pensée négative surgit en vous, elle déséquilibre votre sixième chakra. Plus des pensées négatives se réfugieront en vous, plus elles créeront des blocages et, un jour, vous ne pourrez plus ressentir votre intuition ni être relié à votre chakra couronne. Le chakra couronne ne pourra s'enraciner dans le troisième œil et cherchera ailleurs un centre d'énergie plus en santé. C'est alors que le septième chakra déséquilibrera vos autres centres énergétiques.

ILLUSION-DÉSILLUSION :

Il est important d'avoir de l'imagination, car cela vous permet de visualiser vos désirs et vos objectifs de façon concrète. Par contre, certaines personnes se créent des illusions et les confondent avec l'imagination. L'imagination fait partie de votre pensée créatrice pour faire exister sur un autre plan de conscience la réalité à laquelle vous désirez vous identifier, surtout en ce qui concerne vos espoirs et vos désirs les plus chers.

Les illusions comportent des risques. Par exemple, on peut passer sa vie à attendre de gagner le gros lot au lieu de vivre. On se crée l'illusion que si on n'a pas cet argent (ce gros lot), on ne peut rien faire. Alors, on attend de gagner le fameux 12 millions avant de commencer à faire quelque chose de notre vie. On caresse l'illusion que notre vie sera meilleure avec cet argent dans notre compte en banque. À force d'attendre et de penser cela, on passe à côté de notre vie. On se berce d'illusions et, alors qu'on réalise que les 12 millions n'arrivent pas, on se désillusionne de la vie et on tombe dans la dépression. Les illusions concernant l'argent ne sont jamais très bonnes pour vos chakras. Je ne dis pas de ne pas espérer l'abondance, mais il ne faut pas se créer des illusions au point de cesser de vivre.

L'OMBRE :

Certaines personnes vivent dans l'ombre et s'y complaisent. Certains médiums préfèrent recevoir des messages des êtres de l'ombre au lieu des êtres de lumière. Ces mêmes médiums prédisent des catastrophes, des malheurs et des maladies plutôt que de se concentrer sur le cheminement spirituel des gens et sur la lumière divine. Ces personnes ne vivent pas dans la conscience christique. Elles vivent dans l'ombre, et cette manière de penser et de vivre ferme et bloque le troisième œil. Pourquoi être attiré par l'ombre ? Quel karma traînez-vous pour être à ce point sous l'emprise des mauvaises énergies ?

PARESSE :

Les gens qui ne travaillent pas leurs chakras, qui préfèrent attendre le bon moment et qui ne font pas d'efforts pour guérir vont croire la plupart du temps que tout se fera tout seul. Ils sont simplement paresseux. La paresse entraîne un désalignement du chakra du troisième œil. On est alors coupé de notre intuition. Mais à quoi bon avoir de l'intuition si on ne l'écoute pas? La paresse spirituelle vous déracine et désaligne votre aura. Plus les jours passeront et plus votre âme essayera de vous envoyer des signes pour vous réveiller. Faites quelque chose, reprenez-vous. N'attendez pas à demain. Vivez l'instant présent et travaillez vos chakras maintenant.

MALAISES PHYSIQUES, ÉMOTIONNELS, MENTAUX ET SPIRITUELS RELIÉS AU CHAKRA DU TROISIÈME ŒIL

Étant donné que les chakras n'agissent pas seulement sur le plan spirituel, il est aisé de comprendre que nous pouvons, d'une manière ou d'une autre, les ressentir, que ce soit par différents malaises physiques, émotionnels, spirituels et mentaux. En acceptant que vos centres d'énergies doivent être équilibrés, vous devez être à l'affût des différents malaises qui vous affligent et constater leurs liens avec vos chakras.

MALAISES PHYSIQUES :

- Maux de tête ;
- Migraines ;
- Douleurs aux yeux.

MALAISES ÉMOTIONNELS ET MENTAUX :

- Confusion ;
- Illusion ;
- Désillusion ;
- Pensées négatives ;
- Images destructrices.

MALAISES SPIRITUELS :

- Douter de sa capacité à cheminer sur sa route ;
- Avoir peur de ses capacités psychiques ;
- Avoir peur de ne pas comprendre ses intuitions.

CONSEILS POUR OUVRIR SON CHAKRA DU TROISIÈME ŒIL, LE PURIFIER ET EN PRENDRE SOIN

Le chakra du troisième œil est un précieux centre énergétique qui doit être constamment pris en considération dans votre cheminement spirituel. Plus vous travaillerez à son ouverture et plus vous constaterez à quel point vous pouvez ressentir l'énergie universelle couler à travers vous. Pour être apte à mieux percevoir votre intuition, vous devez travailler quotidiennement à l'ouverture de votre chakra du troisième œil. Voici quelques conseils pour la santé de votre sixième chakra.

LES CARTES ZENER :

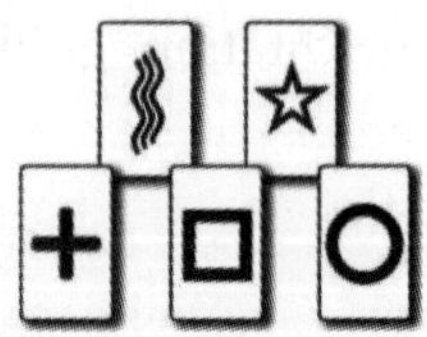

Les cartes Zener sont un ensemble de 25 cartes regroupant cinq fois cinq symboles différents. Elles ont été inventées en 1920 par Karl Zener, à qui l'on doit l'idée et les différentes formes sur les cartes. Ces cartes ont ensuite été utilisées dans la recherche en parapsychologie, discipline visant à déterminer le degré de clairvoyance d'un sujet. Travailler avec ces cartes vous aidera à prendre conscience de votre troisième œil, de votre intuition et de la manière dont vous percevez vos capacités psychiques. Plus vous vous exercerez avec ces cartes, plus vous ouvrirez votre troisième œil et plus vous pourrez être connecté à l'ensemble de vos chakras.

MÉDITATION GUIDÉE :

Cet exercice consiste à créer une méditation guidée. Prenez une feuille de papier, un crayon et mettez un peu de musique relaxante. Respirez profondément et laissez-vous inspirer, faites travailler votre imagination. Réfléchissez à ce que vous aimeriez entendre dans une méditation guidée et écrivez ce que vous dicte votre cœur. La méditation guidée que vous créez n'a pas besoin d'être très longue. Une fois terminée, relisez-là et faites votre méditation. Vous pouvez également l'enregistrer et par la suite l'écouter. Réaliser cet exercice vous aidera à travailler la visualisation et l'imagination, qui sont reliées à votre chakra du troisième œil.

À RÉFLÉCHIR :

- Ayez seulement des pensées positives ;
- Travaillez votre imagination et votre degré de visualisation ;
- Entourez-vous de lumière et ne fréquentez que des endroits ayant de bonnes énergies.

N'OUBLIEZ PAS :

- Vêtements violet ;
- Cristaux violet ;
- Nourriture et boissons violettes.

MÉDITATION D'OUVERTURE ET D'HARMONISATION POUR LE CHAKRA DU TROISIÈME ŒIL

Cette méditation pour votre troisième œil vous apportera l'énergie divine qui vous guidera lors de l'ouverture de votre conscience. Fermez les yeux. Prenez une grande inspiration en visualisant la couleur violette entrer en vous.

En expirant, soyez attentif aux pensées négatives qui se libèrent de votre troisième œil. Détachez-vous de toutes les formes de pensées qui ne sont que la répétition d'anciens modes de croyances erronés.

Visualisez ou imaginez la lumière violette pénétrer votre chakra du troisième œil. Elle dégage une chaleur intense. La lumière tourne doucement dans le sens horaire. Un tourbillon d'énergie se lie à la lumière violette. C'est votre chakra du troisième œil.

Visualisez ou imaginez votre chakra du troisième œil s'ouvrir doucement au fur et à mesure que la lumière violette tourne. Une fleur de lotus s'épanouit en vous présentant ses pétales violets et prend place en vous. Vous ressentez votre troisième œil prendre de plus en plus d'expansion.

Respirez doucement. Laissez la lumière violette harmoniser votre conscience. Il se peut que vous ressentiez une puissante énergie tourbillonner en vous. Il se peut également que vous ressentiez des émotions diverses. Lâchez prise.

Laissez l'énergie universelle de vie filtrer en vous doucement.

Visualisez ou imaginez la lumière violette se changer graduellement en lumière bleue et descendre dans votre gorge. Vous ressentez sa chaleur comme un baume apaisant. La lumière violette se modifie graduellement pour devenir verte et se loge dans votre cœur, qui se remplit d'amour en l'accueillant. La lumière verte devient un beau jaune étincelant et pénètre votre plexus solaire. La lumière poursuit son chemin, devient orange et descend dans votre chakra sacré. Elle dégage toujours une chaleur intense et vous en ressentez les bienfaits. La lumière orange étincelle maintenant dans les tons de rouge et se loge dans votre chakra racine. Elle continue sa route dans vos hanches, vos jambes, vos genoux et vos pieds, puis s'enracine fermement dans la Terre-mère.

Vous avez entrepris l'ouverture de votre chakra du troisième œil. Vous n'avez plus de pensées négatives en vous. Vous comprenez l'importance de ne pas vous laisser illusionner par l'ombre. Vous comprenez votre chemin spirituel. Vous écoutez votre intuition. Quoi qu'il en soit, vous avez entrepris de guérir votre chakra du troisième œil. Il s'en porte mieux maintenant.

Vous êtes détendu et calme. Ouvrez les yeux.

L'AURA : LE CORPS CÉLESTE

La sixième couche de l'aura est associée au chakra du troisième œil et à l'amour divin, qui s'étend au-delà des conceptions humaines et accueille tout ce qui existe dans l'univers avec l'amour inconditionnel. La sixième couche est le corps émotionnel du plan spirituel et s'étend de 60 à 80 centimètres du corps. Si vous êtes apte à ressentir cette couche de l'aura, vous expérimenterez l'extase spirituelle. Lorsque nous ressentons cette couche, nous sommes connectés à l'univers. La conscience s'élève. Les couleurs de la sixième couche sont pastel, avec un peu d'or et d'argent et beaucoup de violet. L'amour inconditionnel est gravé à même cette sixième couche. Nous aimons l'humanité, les animaux, la nature, tout ce qui vit.

THÈME DE LA SEMAINE 6 : RÉVEILLEZ VOTRE TROISIÈME ŒIL

CHANDELLE :

Une technique efficace pour développer votre troisième œil consiste à fixer une bougie. D'abord, trouvez un endroit calme, si possible faiblement éclairé, et allumez une chandelle. Posez-la sur une table et assoyez-vous devant. Fixez la bougie, puis regardez la flamme durant quelques instants. Respirez doucement. Prenez le temps d'habituer votre regard à la lumière de la chandelle. Regardez l'endroit où la couleur bleue et la couleur dorée de la flamme se rejoignent. C'est en ce point précis de la réunion de ces couleurs que votre potentiel psychique pourra se développer. Continuez de fixer la chandelle jusqu'à ce que vous ressentiez que vous avez absorbé assez de lumière. Puis, fermez les yeux et essayez de conserver la lumière que vous verrez apparaître à la hauteur de votre troisième œil. Vous allez probablement voir des couleurs comme le rouge, l'orange ou même le vert.

Un petit cercle de couleur voudra partir, mais gardez-le le plus longtemps possible. Cet exercice va travailler l'ouverture de votre troisième œil.

LUNE :

Il est aussi efficace de fixer la lune, idéalement un soir de pleine lune. Fixez la lune durant quelques instants, captez sa couleur et ses contours. Puis, fermez les yeux et laissez-vous totalement absorber par sa lumière bleue. Filtrez doucement sa lumière en vous, et logez-la dans votre troisième œil. Essayez cette technique durant la phase de la pleine lune, quelques jours de suite. De la même manière qu'avec l'exercice de la chandelle, absorber la lumière de la lune dans votre troisième œil travaillera l'ouverture de votre conscience.

AMPOULE :

S'il n'y a pas de pleine lune, vous pouvez fixer une ampoule de 100 watts durant quelques instants. Toutefois, cette technique est moins efficace que les deux premières.

SEMAINE 6

LE CHAKRA DU TROISIÈME ŒIL

QUESTIONNAIRE 6

Voici le questionnaire destiné à travailler et à comprendre votre chakra du troisième œil. Il est important de répondre aux questions de la façon la plus honnête possible. Veuillez noter que plus vous équilibrerez vos chakras, plus vous remarquerez une évolution dans vos réponses des questionnaires.

Faites-vous confiance à votre intuition ?

Si non, pourquoi ?

____

____

____

____

____

Êtes-vous apte à développer vos capacités psychiques ?

Pouvez-vous vous libérer de vos craintes et de votre anxiété, ou vous accrochez-vous à vos pensées négatives ?

Avez-vous des croyances négatives envers la vie et les autres ?

Vous sentez-vous relié au divin ?

Avez-vous compris quelle est votre mission de vie ?

Savez-vous ce qu'est la kundalini ?

___

En ce moment, avez-vous des pensées négatives ?

Si oui, à quel sujet ?

___

___

___

___

___

Avez-vous de l'imagination ? Êtes-vous apte à vous créer un royaume imaginaire propice à la réalisation de vos rêves ?

___

Vivez-vous dans l'illusion que votre vie serait meilleure si vous gagniez à la loterie ?

___

Attendez-vous le bonheur, l'amour ou l'argent avant d'entreprendre quelque chose dans votre vie ?

____

Avez-vous déjà consulté un médium qui ne vous aurait prédit que du négatif pour votre futur ?

____

Craignez-vous le travail spirituel nécessaire à votre évolution ?

____

Vous félicitez-vous quand vous accomplissez un travail ?

Si non, pourquoi ?

____

____

____

____

____

____

SEMAINE 7

CHAKRA COURONNE

Le divin – chakra couronne.

Ce mandala peut être photocopié pour être colorié.

QU'EST-CE QUE LE CHAKRA COURONNE ?

Le chakra couronne est le centre énergétique qui est directement relié au divin. C'est par ce réceptacle d'énergie que nous sommes connectés à l'Au-delà, aux anges, aux archanges, aux maîtres ascensionnés, aux êtres de lumière et à Dieu. Les médiums canalisent, puis transmettent, par ce chakra, l'information reçue. Le septième chakra est notre lien avec la communication céleste et la communication intérieure. Si la plupart des gens ne perçoivent pas cette communication avec le divin, ils doivent tout au moins avoir leur propre communication intérieure.

Nous avons vu que le chakra racine était nécessaire à notre survie en tant qu'être humain, car nous ne pourrions vivre sans ce contact avec la Terre-mère. Il en est de même avec le chakra couronne : nous ne pourrions vivre sans notre contact avec le ciel. Nous avons besoin de nous nourrir grâce à ce lien avec le divin, que nous en ayons conscience ou non.

Le chakra couronne lui-même se nourrit directement au divin, mais également au chakra du troisième œil. C'est pour que leur communication soit constante et équilibrée qu'il est important de maintenir ces deux chakras en santé. Le chakra couronne a lui aussi des racines qui le relient à tous les chakras inférieurs.

En plus, le réceptacle d'énergie du chakra couronne s'étend bien au-delà de votre tête. Il englobe les autres chakras à l'extérieur de votre corps physique, qui sont exclusivement spirituels.

La notion du yin et du yang provient du chakra couronne. Si vous êtes apte à intégrer l'énergie de votre intuition à votre intellect, vous trouverez l'équilibre entre vos énergies féminine et masculine.

Lorsque vous travaillerez ce chakra, vous serez en mesure de savoir si vous faites confiance à l'univers et à votre cheminement spirituel.

OÙ SE SITUE LE CHAKRA COURONNE ?

Le chakra couronne est situé sur le dessus de votre tête, vis-à-vis la glande pinéale, située au centre de votre cerveau. Il peut arriver que vous ressentiez une douleur sur le dessus de votre tête. Cela est dû à l'activité de votre chakra couronne. Est-il en train de s'ouvrir ? De se fermer ? Est-il en santé ? Tourne-t-il dans le sens horaire ? Plus vous harmoniserez votre chakra couronne, plus vous serez apte à déterminer son état de santé.

DYSFONCTIONS RELIÉES AU CHAKRA COURONNE

Lorsque le chakra couronne connaît des malaises, vous ne vous sentirez jamais relié au divin. Si vous travaillez à vous libérer de vos blessures du passé et des empreintes karmiques qui sont logées en vous, il se peut grandement que vous ayez de la difficulté à y arriver, surtout si votre chakra couronne a emprisonné différentes dysfonctions.

EGO :

L'égo est la principale raison pour laquelle bon nombre de personnes n'arrivent pas à se sentir connectées au divin. Si l'égo prend toute la place dans la vie de l'individu, l'âme ne sera pas reliée au ciel, et le chakra couronne sera porté à se refermer. La communication céleste sera difficile. L'individu doit cesser de nourrir son égo et plutôt prendre conscience de l'importance de pouvoir communiquer de façon adéquate avec la conscience supérieure. Beaucoup de personnes ne se sentent pas reliées au divin parce qu'elles n'ont pas compris qu'au lieu de gonfler leur égo, elles devaient maintenir et nourrir un lien avec le divin. Soyez humble et appréciez la simplicité. Ne vous surestimez pas parce que vous avez des capacités psychiques ou parce que vous faites plus d'argent que votre meilleur ami. Ne jouez pas avec votre égo. Vivez dans l'humilité.

DÉPRESSION ET MANQUE D'ENRACINEMENT :

Certaines personnes ont un chakra couronne peu développé. Il n'est pas beaucoup ouvert et semble fragile, un peu comme une fleur qui n'a pas encore déplié ses pétales au matin et qui attend les rayons du soleil. Ce type de chakra possède de petites racines qui ont du mal à se nourrir et à alimenter le troisième œil. Les personnes aux prises avec un tel chakra seront de nature dépressive, portées à ne pas se sentir reliées au divin. Il se peut qu'à force de se sentir ainsi rejetées de l'Au-delà, elles en viennent à ne pas vouloir évoluer, à vouloir rester enfermées dans la troisième dimension. Pour développer votre chakra couronne, vous devez avoir une base solide, être bien enraciné. Il faut que votre chakra racine soit tout aussi développé que votre chakra couronne.

Lorsque votre septième chakra est parfaitement équilibré, vous pouvez être en communication avec les trois plans de conscience : intraterrestre, terrestre et extraterrestre. Le chakra couronne fusionne avec le chakra du troisième œil et, alors, il y a un changement total dans votre conscience et dans votre manière de percevoir votre vie. De grands changements peuvent se produire une fois vos sept chakras équilibrés.

MALAISES PHYSIQUES, ÉMOTIONNELS, MENTAUX ET SPIRITUELS RELIÉS AU CHAKRA COURONNE

Étant donné que les chakras n'agissent pas seulement sur le plan spirituel, il est aisé de comprendre que nous pouvons, d'une manière ou d'une autre, les ressentir, que ce soit par différents malaises physiques, émotionnels, spirituels et mentaux. En acceptant que vos centres d'énergies doivent être équilibrés, vous devez être à l'affût des différents malaises qui vous affligent et constater leurs liens avec vos chakras.

MALAISES PHYSIQUES :

- Mal de tête ;
- Migraine ;
- Mal aux yeux ;
- Mal au-dessus de la tête.

MALAISES ÉMOTIONNELS ET MENTAUX :

- Hallucination ;
- Manque de concentration ;
- Agitation ;
- Fréquents oublis ;
- Impression de ne pas être aimé ;
- Impression que la terre entière est contre soi ;
- État dépressif.

MALAISES SPIRITUELS :

- Petites racines au chakra couronne ;
- Refus d'évoluer ;
- Enfermement dans la troisième dimension ;
- Rejet du silence ;
- Rejet de la méditation ;
- Incapacité à croire en soi et à croire en Dieu ;
- Incapacité à offrir sa foi à quoi que ce soit.

CONSEILS POUR OUVRIR SON CHAKRA COURONNE, LE PURIFIER ET EN PRENDRE SOIN

Le chakra couronne est le lien qui existe entre toutes les formes d'énergie qui circulent à travers vos chakras. Cette énergie part de la Terre-mère pour s'unir à l'énergie spirituelle. Si vous réussissez à maintenir un lien équilibré entre tous vos chakras, vous pourrez vous unir plus intimement avec l'énergie Gaïa, votre mère la Terre. Les outils que vous avez à votre disposition vous aideront beaucoup dans votre quête pour équilibrer votre chakra couronne et le maintenir en santé.

VOS RÊVES :

Un très bon exercice pour l'ouverture de votre chakra couronne est de tenir un journal de vos rêves. À votre réveil, écrivez vos rêves. Si vous avez de la difficulté à vous en souvenir, vous pouvez toujours vous exercer à réaliser des affirmations avant de vous endormir. Le fait de répéter plusieurs fois « Je me souviens de mes rêves » est un parfait outil pour vous aider. Dites cette affirmation chaque soir, et vous verrez votre capacité à vous souvenir de vos rêves s'améliorer. Plus vous écrirez vos rêves, plus vous vous en souviendrez. Vous pouvez recevoir de merveilleux messages des anges à travers vos rêves ; il suffit d'être attentif.

SILENCE :

Essayez de trouver des instants de silence chaque jour, surtout lors de vos périodes de méditation. Lorsque vous travaillez votre chakra couronne et que vous vous servez des différents outils et conseils offerts dans ce programme, je vous recommande de le faire en silence. Il faut que vous puissiez déterminer votre lien avec le silence, car le fait de ne pas se sentir bien démontre que vos chakras ont encore certains déséquilibres. À la septième semaine, vous aurez grandement amélioré l'état de vos chakras, toutefois, cela ne signifie pas qu'ils seront tous en excellente santé. Le silence vous apprendra justement l'état de vos chakras. Il faut savoir être calme dans le silence, il faut se sentir bien.

À RÉFLÉCHIR :

- Travaillez la confiance en vous ;
- Lâchez prise ;
- Ne nourrissez pas votre égo ;
- Chassez toutes les pensées négatives.

N'OUBLIEZ PAS :

- Vêtements blancs ;
- Nourriture et boisson blanches ;
- Cristaux blancs.

MÉDITATION D'OUVERTURE ET D'HARMONISATION POUR LE CHAKRA COURONNE

Cette méditation pour votre chakra couronne est le point de départ pour retrouver l'essence de votre âme. Vous devez maintenant être prêt à vous unir à la conscience universelle, au divin et à votre moi supérieur. Fermez les yeux. Prenez une grande inspiration et expirez par le nez. Respirez encore deux fois en expirant doucement par le nez. Maintenant, inspirez en laissant la lumière blanche pénétrer dans votre chakra couronne. Expirez par la bouche. Détendez-vous complètement.

La chaleur de la lumière blanche vous envahit. La lumière tourne doucement dans le sens horaire. Voyez un tourbillon d'énergie se lier à la lumière blanche. C'est votre chakra couronne. Vous ressentez un léger picotement sur le dessus de votre tête.

Visualisez ou imaginez votre chakra couronne s'ouvrir doucement au fur et à mesure que la lumière blanche tourne. Le tourbillon d'énergie devient de plus en plus grand et sort de votre chakra couronne.

Respirez doucement. Laissez la lumière blanche harmoniser votre conscience. Il se peut que vous ressentiez une puissante énergie tourbillonner en vous. Il se peut également que vous ressentiez des émotions diverses. Lâchez prise. Laissez l'énergie universelle de vie filtrer en vous doucement.

Visualisez ou imaginez la lumière blanche devenir violette et descendre doucement jusqu'à votre chakra du troisième œil. La lumière violette se change graduellement en lumière bleue et se loge dans votre gorge. Vous ressentez sa chaleur comme un baume apaisant. Puis, elle devient verte et pénètre votre cœur, qui se remplit d'amour en l'accueillant. La lumière se change en jaune et descend dans votre plexus solaire. Elle poursuit son chemin, devient orange et se loge dans votre chakra sacré. Elle dégage toujours une chaleur intense et vous en ressentez les bienfaits. La lumière orange se modifie en un magnifique rouge et pénètre votre chakra racine. Elle continue sa route dans vos hanches, vos jambes, vos genoux et vos pieds, puis s'enracine fermement dans la Terre-mère.

Vous avez entrepris l'ouverture de votre chakra couronne. Vous êtes relié au divin de la manière la plus parfaite qui soit. Vous êtes ouvert à recevoir des vibrations positives provenant de l'Éternel. Vous faites partie de la conscience christique. Vous comprenez votre chemin spirituel. Quoi qu'il en soit, vous avez entrepris de guérir votre chakra couronne. Il s'en porte mieux maintenant.

Vous êtes détendu et calme. Ouvrez les yeux.

L'AURA : LE CORPS CAUSAL

La septième couche de l'aura est associée au chakra couronne et à la pensée supérieure. C'est par cette couche que se déroulent vos communications intérieures et célestes. La septième couche s'étend de 75 centimètres à 1 mètre du corps. En élevant votre conscience à ce niveau de l'aura, vous ne ferez qu'un avec le Créateur. Sa forme extérieure ressemble à un œuf, qui est votre protection. C'est là que résident les mémoires de vos vies antérieures.

THÈME DE LA SEMAINE 7 : LA BOÎTE À MYSTÈRES

Lorsque vous travaillez votre chakra couronne, plusieurs outils sont à votre disposition. Il suffit que vous puissiez choisir l'un d'eux ou même chacun d'eux pour les expérimenter. Je vous conseille de débuter par le pendule.

PENDULE :

Le pendule est utilisé depuis des siècles comme compagnon pour la clairvoyance et la radiesthésie. Il existe maintenant sur le marché différentes formes de pendules fabriqués dans plusieurs matériaux. Je recommande les pendules faits en cristaux, comme le quartz et la cornaline, ou toute autre pierre qui vous attire. Travailler avec l'énergie des cristaux combinée au pendule vous aidera à déterminer si vous vous sentez lié avec cet outil qu'est le pendule. Il est important de choisir convenablement votre pendule, ensuite de le purifier et de le porter sur vous tous les jours pour qu'il s'imprègne de votre énergie.

TAROT :

Le tarot est un outil pour votre cheminement spirituel, et c'est celui que je préfère. J'ai appris le tarot il y a plusieurs années et je continue de m'en servir régulièrement, non pas pour prédire l'avenir, mais pour mon évolution spirituelle. Si vous n'avez jamais eu de jeu de tarot, c'est le moment de vous en procurer un. Travaillez avec les arcanes majeurs. Par exemple, vous pouvez faire un exercice qui vous aidera à ouvrir votre chakra du troisième œil et votre chakra couronne. Faites cet exercice pendant environ un mois. Tenez un journal pour y inscrire l'exercice. Tout d'abord, durant les deux premières semaines, au matin, pigez une carte et regardez-la. Le soir venu, inscrivez tout ce qui s'est produit durant votre journée. Faites cela pendant deux semaines. Lors de la troisième semaine, pigez une carte le matin, mais ne la regardez pas. Durant la soirée, écrivez votre journée et essayez de deviner quelle carte vous avez pigée. Répétez cela pendant deux semaines. En plus de travailler vos chakras supérieurs, cet exercice vous permettra d'apprendre les cartes du tarot et de vous familiariser avec elles.

RUNES :

Les runes sont constituées des 24 caractères de l'alphabet runique et sont le plus souvent gravées sur de petites pierres. La méthode la plus courante pour les utiliser est de les placer dans un sac en velours. On doit se concentrer, poser une question et piger une rune. Le symbole inscrit sur la rune détermine la réponse à notre question. Il existe sur le marché plusieurs types de runes ; c'est à vous de choisir celles qui vous intéressent le plus. Il faut purifier les runes, les porter sur soi pour qu'elles s'imprègnent de notre énergie et ensuite commencer à les utiliser. Je conseille d'apprendre l'alphabet runique pour pouvoir profiter pleinement de cette méthode divinatoire.

BOULE DE CRISTAL :

La boule de cristal est le plus populaire des outils de divination. Même durant mes cours, mes élèves sont toujours intrigués lorsqu'ils voient la boule de cristal sur la table. Tout le monde, sans contredit, désire débuter par cet outil ; toutefois, je ne le conseille pas. Il faut d'abord privilégier des outils comme le pendule et le tarot et acquérir le plus possible d'expérience avant d'avoir la capacité de lire une boule de cristal. Dites-vous que la lecture de la boule de cristal vous semblera ardue si vous n'avez pas travaillé avec d'autres méthodes de perfectionnement. D'autant plus que si vos chakras du troisième œil et couronne ne sont pas assez ouverts, vous vous découragerez de travailler avec la boule de cristal.

SEMAINE 7

LE CHAKRA COURONNE

QUESTIONNAIRE 7

Voici le questionnaire destiné à travailler et à comprendre votre chakra couronne. Il est important de répondre aux questions de la façon la plus honnête possible. Veuillez noter que plus vous équilibrerez vos chakras, plus vous remarquerez une évolution dans vos réponses des questionnaires.

Vous sentez-vous relié au divin ?

____

Faites-vous confiance à l'univers ?

____

Êtes-vous capable d'équilibrer votre vie spirituelle tout en étant enraciné ?

Si non, pourquoi ?

____

Aimez-vous méditer ?

Si non, pourquoi ?

____

____

____

____

____

____

Souffrez-vous d'agitation ?

____

Avez-vous de fréquents oublis ?

____

Avez-vous l'impression de ne pas être aimé des gens qui vous entourent ?

Si oui, pourquoi ?

Vous sentez-vous à l'aise dans le silence ?

Êtes-vous apte à offrir votre foi dans l'Éternel ?

Si vous deviez être isolé durant un mois dans le bois ou sur une île sans aucun bagage, qu'est-ce qui vous manquerait le plus : votre famille et vos amis ou vos objets personnels ?

Voulez-vous évoluer sur votre chemin spirituel ?

____

Comment allez-vous faire pour ouvrir et guérir votre chakra couronne ? Quelle est la première étape, selon vous, que vous devez accomplir ?

____

____

____

____

____

Avez-vous souvent mal à la tête ?

____

Croyez-vous que votre égo vous empêche de maintenir un chakra couronne en santé ?

____

____

____

Qu'allez-vous faire pour travailler, harmoniser et guérir votre chakra couronne ?

MÉDITATION D'HARMONISATION

DES SEPT PRINCIPAUX CHAKRAS

En réalisant cette méditation d'harmonisation, vous ressentirez une belle évolution à travers la réceptivité de vos chakras pour l'énergie qui circule en vous.

(PAUSE)

Prenez une grande inspiration..., retenez-la quelques secondes, puis expirez doucement par la bouche.

(PAUSE)

Inspirez. Retenez votre souffle et expirez doucement.

(PAUSE)

Détendez-vous..., relaxez tous les muscles de votre corps.

(PAUSE)

Faites le vide complet dans votre esprit. Rejetez le négatif..., remettez votre fardeau dans le Christ qui est en vous..., lâchez prise.

(PAUSE)

Vous êtes entouré de votre ange gardien, qui est présent pour harmoniser avec vous vos centres d'énergie. Il vous enveloppe de son amour et de sa lumière. Vous vous sentez extrêmement calme et détendu. Vous êtes protégé.

(PAUSE)

Visualisez ou imaginez une magnifique lumière rouge pénétrer par votre chakra racine.

(PAUSE)

La lumière rouge tourne doucement dans le sens horaire. Vous ressentez sa chaleur. Plus elle tourne, plus vous voyez la lumière rouge grandir.

(PAUSE)

La lumière rouge ouvre votre chakra racine, elle l'harmonise en douceur, elle le purifie. Vous vous sentez calme et détendu. Son énergie bienfaitrice se loge en vous. Il se peut que vous ressentiez une puissante énergie tourbillonner en vous. Il se peut également que vous ressentiez des émotions diverses. Lâchez prise.

(PAUSE)

Vous avez entrepris l'ouverture et l'enracinement de votre chakra racine. Vous prenez conscience de votre incarnation terrestre. Plus aucune peur ne vit en vous.

(PAUSE)

Inspirez doucement... La lumière rouge se change graduellement en lumière orange et pénètre votre chakra sacré.

(PAUSE)

La lumière orange tourne doucement dans le sens horaire. Vous ressentez sa chaleur. Plus elle tourne, plus vous voyez la lumière orange grandir.

(PAUSE)

La lumière orange ouvre votre chakra sacré, elle l'harmonise en douceur, elle le purifie. Vous vous sentez calme et détendu. Son énergie bienfaitrice se loge en vous. Vous reprenez votre pouvoir. Vous passez à l'action. Vous lâchez prise.

(PAUSE)

Inspirez doucement... La lumière orange se change graduellement en lumière jaune et pénètre votre chakra du plexus solaire.

(PAUSE)

La lumière jaune tourne doucement dans le sens horaire. Vous ressentez sa chaleur. Plus elle tourne, plus vous voyez la lumière jaune grandir.

(PAUSE)

La lumière jaune ouvre votre chakra du plexus solaire, elle l'harmonise en douceur, elle le purifie. Vous vous sentez calme et détendu. Son énergie bienfaitrice se loge en vous. Vous avez commencé à exprimer vos émotions par votre chakra du plexus solaire. Vous faites en sorte que l'énergie vitale qui se trouve dans votre plexus puisse circuler librement.

(PAUSE)

Inspirez doucement... La lumière jaune se change graduellement en lumière verte et pénètre votre chakra du cœur.

(PAUSE)

La lumière verte tourne doucement dans le sens horaire. Vous ressentez sa chaleur. Plus elle tourne, plus vous voyez la lumière verte grandir.

(PAUSE)

La lumière verte ouvre votre chakra du cœur, elle l'harmonise en douceur, elle le purifie. Vous vous sentez calme et détendu. Son énergie bienfaitrice se loge en vous. Vous avez commencé à aimer inconditionnellement par votre chakra du cœur. Vous vous libérez des blessures et des douleurs du passé. Vous êtes prêt à aimer et à être aimé.

(PAUSE)

Inspirez doucement... La lumière verte se change graduellement en lumière bleue et pénètre votre chakra de la gorge.

(PAUSE)

La lumière bleue tourne doucement dans le sens horaire. Vous ressentez sa chaleur. Plus elle tourne, plus vous voyez la lumière bleue grandir.

(PAUSE)

La lumière bleue ouvre votre chakra de la gorge, elle l'harmonise en douceur, elle le purifie. Vous vous sentez calme et détendu. Son énergie bienfaitrice se loge en vous. Vous commencez à comprendre l'importance de vous exprimer librement. Vous n'êtes pas affecté par un dialogue intérieur erroné. Vos paroles expriment l'amour.

(PAUSE)

Inspirez doucement... La lumière bleue se change graduellement en lumière violette et pénètre votre chakra du troisième œil.

(PAUSE)

La lumière violette tourne doucement dans le sens horaire. Vous ressentez sa chaleur. Plus elle tourne, plus vous voyez la lumière violette grandir.

(PAUSE)

La lumière violette ouvre votre chakra du troisième œil, elle l'harmonise en douceur, elle le purifie. Vous vous sentez calme et détendu. Son énergie bienfaitrice se loge en vous. Vous n'avez plus de pensées négatives. Vous comprenez l'importance de ne pas vous laisser illusionner par l'ombre. Vous comprenez votre chemin spirituel. Vous écoutez votre intuition.

(PAUSE)

Inspirez doucement... La lumière violette se change graduellement en lumière blanche, diaphane et transparente et pénètre votre chakra couronne.

(PAUSE)

La lumière blanche tourne doucement dans le sens horaire. Vous ressentez sa chaleur. Plus elle tourne, plus vous voyez la lumière blanche grandir.

(PAUSE)

La lumière blanche ouvre votre chakra couronne, elle l'harmonise en douceur, elle le purifie. Vous vous sentez calme et détendu. Son énergie bienfaitrice se loge en vous. Vous acceptez le silence comme un instant privilégié pour vous relier au divin. Votre égo ne brime pas la communication que vous devez avoir avec le monde céleste. Vous ressentez l'amour que les autres vous portent. Vous êtes apte à vous ouvrir tranquillement à vos capacités psychiques. Vous avez confiance en vous.

(PAUSE)

Visualisez ou imaginez la lumière blanche se changer graduellement en lumière violette et descendre vers votre chakra du troisième œil. Vous ressentez sa chaleur. La lumière violette se change graduellement en lumière bleue et se loge dans votre gorge. Vous ressentez sa chaleur comme un baume apaisant.

Puis, elle se change en lumière verte et pénètre votre cœur, qui se remplit d'amour en l'accueillant.

Elle devient jaune et descend dans votre plexus solaire. La lumière poursuit son chemin, devient orange et descend dans votre chakra sacré. Elle dégage toujours une chaleur intense et vous en ressentez les bienfaits.

La lumière brille d'un rouge flamboyant et se loge dans votre chakra racine. Elle continue sa route dans vos hanches, vos jambes, vos genoux et vos pieds, puis s'enracine fermement dans la Terre-mère. Vous êtes parfaitement enraciné. Vous êtes calme et détendu. Ouvrez les yeux.

TYPES DE CHAKRAS MALADES

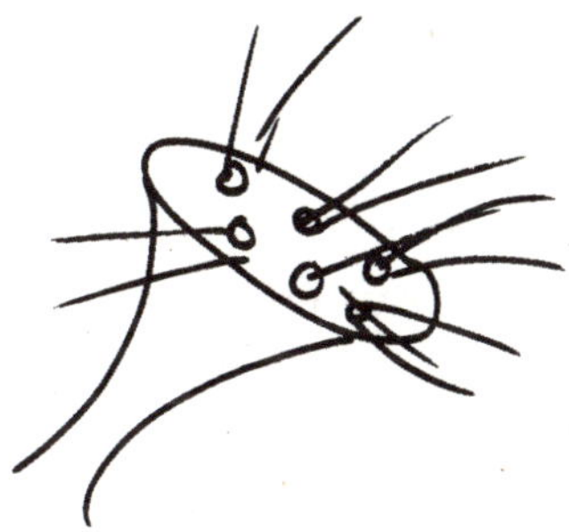

FRAGMENTÉ : Un chakra fragmenté perd de l'énergie et éprouve de la difficulté à faire circuler l'énergie à travers les autres chakras. Généralement, cela provient d'une blessure récente, du moins dans la vie présente.

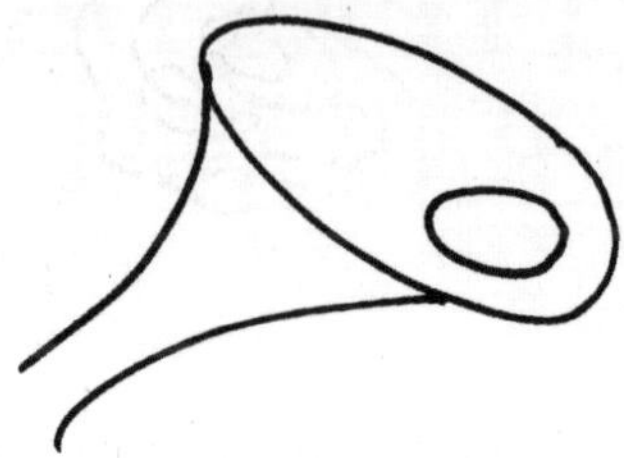

FISSURÉ : Un chakra fissuré est blessé. Les blessures remontent à des vies antérieures et au présent. Plus vous laissez les fissures dans vos chakras, plus ils sont déséquilibrés.

FERMÉ : Un chakra fermé l'a fait pour se protéger, de peur d'être de nouveau blessé. Par contre, un chakra n'est jamais totalement fermé. Il contient des blessures, des fissures et perd beaucoup d'énergie.

VIDE : Un chakra vide aspire l'énergie des autres chakras ainsi que des personnes avec lesquelles il est en contact. C'est un très grand déséquilibre qui peut prendre des années avant d'être équilibré.

ÉPÉE : Généralement, ce sont les plexus solaires que l'on retrouve le plus souvent sous cette forme. Il n'est pas agréable du tout de se retrouver en présence d'une personne au plexus solaire en épée. La personne le fait habituellement pour se protéger et ne se rend pas compte qu'elle dégage une mauvaise énergie.

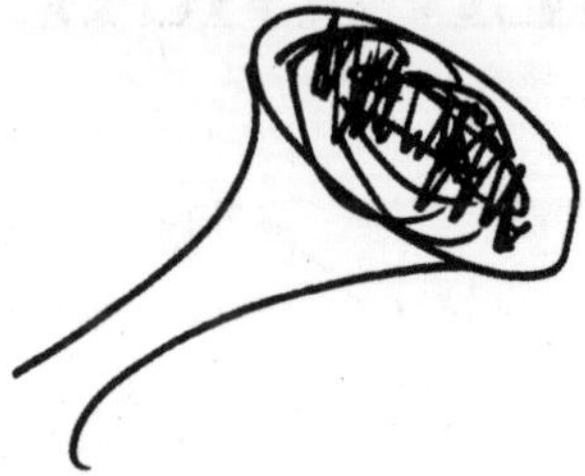

SALE : Un chakra sale a accumulé beaucoup de débris karmiques au fil des siècles.

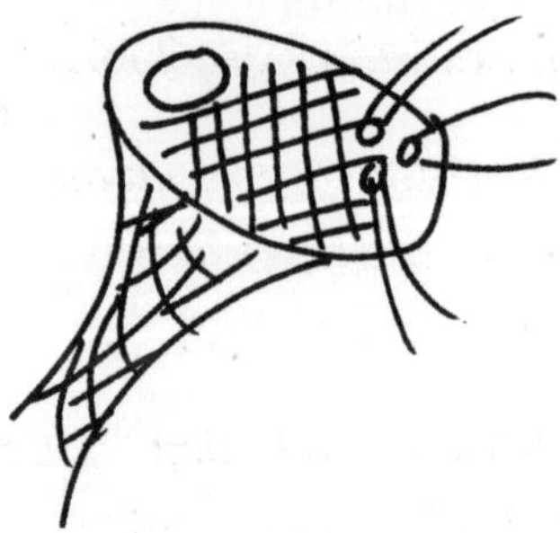

EMPREINTE KARMIQUE : Un chakra ayant des empreintes karmiques a transporté les souvenirs de ses morts à travers les vies passées. Certaines ont été brutales et traumatisantes pour l'âme, qui a de la difficulté à s'en défaire.

BIBLIOGRAPHIE

BRENNAN, Barbara Ann. *Le pouvoir bénéfique des mains*, Éditions SAND, 2009.

LABONTÉ, Marie-Lise. *Maître de ses chakras, Maître de sa vie*, Éditions Le Dauphin Blanc, 2005.

MALENFANT, Karine. *Guérison : Enseignements de l'archange Raphaël*, Éditions AdA, 2007.

MALENFANT, Karine. *Les lois divines : Le pouvoir de la manifestation selon les enseignements du Maître Jésus*, Éditions AdA, 2010.

MALENFANT, Karine. *Protection : Enseignements de l'archange Michaël*, Éditions AdA, 2009.

SOSKIN, Julie. *Êtes-vous médium ?*, Éditions First, 2003.

ADA audio